잘 배운 다정함

잘 배운 다정함

함께 울고 웃고 요가하는 요가 안내자 맑음 에세이

맑음 지음

"그럼에도 불구하고 반드시 행복해질
당신의 몸과 마음의 안녕을 바라며"

저녁달

지금 이 책을 읽는
당신의 행복을 빌며

  이 책의 첫 페이지에 과연 어떤 말을 써야 할까 고민이 참 많았다. 행복과 맑은 에너지로 가득한 글을 쓰기엔 사실 삶이 아름답지만은 않다는 것을 너무 잘 알기에. 그렇다고 슬픔과 우울에만 공감하고 싶진 않았다. 부정적인 에너지는 글로도 전해지기 마련이니까.

  역시나 요가하는 요가 안내자의 입장에서, 수업이 끝난 뒤 회원님들께 늘 하는 말로 이 책을 시작하고 싶다. 사람에 대한 진심이 너무 커다란 어느 날, 결코 두 눈을 똑바로 마주보고는 전하지 못했던, 끝내 그 마음을 표현할 길을 찾지 못하고 사바아사나 시간에 모두가 눈을 감고 있다는 것을 핑계로 전했던 그 말을 전하고 싶다.

당신이 행복하길,

당신이 평안하길,

당신이 번뇌와 고통에서 벗어나 부디 자유롭길,

행복과 평안이 당신과 늘 함께하길,

진심으로 소망합니다.

2025년 초여름에

맑음

차례

프롤로그: 지금 이 책을 읽는 당신의 행복을 빌며 4

오늘도 맑음! 10

삶에도 '드리시티'가 필요하다 14

거꾸로 바라보는 세상에선 19

요가 수업 후 먹는 피자는 깨달음을 준다 23

그러니 우리, 그럼에도 함께이기를 27

아홉 살의 나 31

정말 괜찮으신가요? 36

감정이라는 손님을 잘 맞이하고 잘 보내기 위해 41

맑음 쌤, 쓴소리 좀 해주세요 45

당신의 아픔과 슬픔을 기다리며 50

그 어떤 것도 나를 해칠 수 없다 55

불안의 이름 62

명상하는 법 66

당신의 소심함 71

인생의 단짝 74

충분히 우울해하세요 79

슬픔은 나누면 0 83

나만의 영역 88

감각의 오류 92

이젠 용서했어요 96

보이지 않는 것들 102

나는 나를 믿는 사람이 되기로 했다 106

상처를 준 사람은 없는데 112

"누가 너무 미우면 그냥 사랑해버려요." 118

불안을 던지면 긍정으로 받아치는 사람 122

행복의 잠재력 128

최선을 다하는 삶 133

쌓여가는 DM에 겁이 나던 날들 139

나도 요가 안내자이기 전에 사람이라서 143

엄마는 다음 생에 또 안 태어나고 싶어 147

시끄러운 침묵 152

나비와 하루 156

더디고 조용한 '선'의 모양새 160

맑음 쌤, 저 살아야 하는 이유를 하나 찾았어요! 164

질문의 오류 169

우리 딸, 똑똑한 줄 알았는데 바보였네 173

'나'라는 사람 177

잘 배운 다정함 180

나의 예민함은 사랑을 위한 것일지도 몰라　186

자기 결정권　189

나를 지켜주는 커다란 '백'은　193

서울에 사는 시골 사람　198

밑지는 장사　202

기본이 제일 어렵고, 그래서 제일 멋져　207

헤어짐에 쿨한 사람 되기 프로젝트　210

번아웃과 카야 토스트　215

원래 마음대로 되는 건 하나도 없는 거야　222

꿈이 없다면　229

더도 말고 덜도 말고 처음처럼만　232

행복한 엔딩을 위한 연습 게임　237

에필로그: 온 마음 다해, 언제나 나마스테　244

오늘도 맑음!

명상을 본격적으로 공부하면서 느낀 것들을 나누고 싶다. 아주 명확하고 확실하게 긍정으로 향할 수 있는 방법이기에 요가 수업을 하면서도 한 사람 한 사람 붙잡고 이야기한다(하지만 세상 모두에게 전할 수 없다는 아쉬운 마음이 늘 한편에 존재했는데 이렇게 책을 통해 긍정의 에너지를 확장할 수 있는 방법을 알릴 수 있어 행복하다!).

삶이 팍팍해지고 사람과 사람 사이의 정이 사라져갈수록 '긍정'이라는 단어를 너무 어렵게 생각하는 사람도 많아지는 것 같다. 많은 사람이 찾아와 이런 질문을 하곤 한다.

"선생님은 어떻게 그렇게 긍정적이세요? 저도 너무 긍정적인 사람이 되고 싶어요."

모든 것은 습관을 만드는 것에서부터 시작된다. 물론 습관을 만드는 게 말처럼 쉽지만은 않겠지만 말이다. 하지만 결코 불가능하지 않다는 것을 말하고 싶다. "긍정도 습관이에요."라고 말하면 열에 아홉은 "저는 원래 부정적인 사람이었던 것 같아요."라고 답한다. 그런데 나도 20년이 훌쩍 넘도록 가지고 살아온 타고난 유전적 성격을 바꾸는 것에 많은 노력을 들였다.

사람이라는 존재는 변화무쌍하기에 행복할 수 있다는 사실을 잊지 말자. 오늘 아침과 저녁의 기분이 다르고, 작은 소식 하나에 감정이 널뛰기도 한다. 그만큼 사람은 다채롭고 다층적이다.

그렇다면 다시 묻고 싶다. '원래'라는 것이 정말 존재할까? 무엇이든 바뀔 수 있고 또 바꿀 수 있다. 매일이 우울하고 불행한 당신의 마음은 이미 준비가 되어 있다.

요가원 계약과 동시에 건물에 물이 새 온통 물 바다가 된 순간에도, 기나긴 한 달 여행을 다짐하고 리스본에 도착하자마자 캐리어가 분실되었다는 것을 알았던 순간에도, 사랑하는 사람이 곁을 떠났던 순간에도. 그럼에도 불구하고 내가 웃으며 다시 일어날 수 있었던 것은 지독히도 노력했던 습관들 덕분이었다.

  눈을 뜨는 것이 두려웠던 매일 아침 눈을 떴을 때 감사하다고 말했던 노력이, 원치 않는 회사에서 일을 하며 요즘 같은 불경기에 일할 곳이 있음에 감사하다 생각했던 노력이, '결국 원하는 대로 다 이뤄질 거야! 우주는 분명 내 편이야!'라며 나를 세뇌하듯 되뇌었던 그 모든 노력이 결국 지금의 '맑음'을 만들었다.

  처음부터 그런 사람이었던 것이 아니라 그런 사람이 되고 싶었기에 '맑음'이라고 이름 지었다. 우리가 생각하는 것보다 무의식의 힘은 아주 강하다. 내가 원하는 대로 되리라고 간절히 믿고 행동하면 그렇게 되는 거다. 당신의 '그렇게'는 스스로 정하면 된다. 우리는 우리의 삶을 조정할 수 있는 정말로 강력한 무기를 가지고 있는 셈이다.

  어느 날 저녁에는 명상을 하는데 아침에 친언니가 보내준 귀여운 고양이 영상이 번뜩 떠올랐다. 너무 귀엽다며 보고 넘겼던 10초짜리 그 짧은 영상이 다사다난했던 하루 끝의 명상에서 문득 떠오른다는 게 너무 신기했다. 우리가 듣고 말하고 보고 느끼는 그 찰나들은 생각보다 더 큰 에너지로 우리의 무의식을 지배한다. 나의 삶을 생각 하나로 조정할 수 있다면 그렇게 하지 않을 이유가 없지 않은가? 생각은 누구나 할 수 있다. 그리고 그것으로부터 내 하루하루가 바뀔 수도 있다.

결국 모든 것은 스스로를 믿는 것부터 시작되니까.

삶에도
'드리시티'가 필요하다

 한 동작을 오래 유지하는 부동 위주의 하타 요가에선 되도록 눈을 감고 수업을 이어나가지만, 처음부터 끝까지 동작이 정해져 있는 아쉬탕가 요가에선 드리시티 즉, 동작마다 코끝, 발끝, 배꼽 등 시선을 두는 곳도 모두 정해져 있다. 그래서 나의 내면을 들여다보는 것에 익숙지 않은 사람에게는 눈을 감고 나를 마주하는 하타 요가를 추천하고, 평소 한 가지에 집중하는 것이 어렵고 생각이 많은 사람에게는 아쉬탕가 요가를 추천하곤 한다.

 내가 처음 요가를 입문하게 된 이야기를 한번 해보겠다. 내게 넘치도록 큰 사랑을 알려주셨던 할머니가 돌아가신 뒤 정말 아무것도 못하겠는 날들이 이어졌다. 눈을 뜨고 있을 땐 할머니가 너무 보고 싶어서 눈물이 나고, 겨우 잠에 들어도 할머니 꿈을 꾸는 바람에 대성통곡을 하며 잠이 깨곤 했다. 이러다 죽겠구나 싶어서 마음을 진정시킬 수 있는 무언가를 찾다 요가를 만나게 되었고, 첫 수업으로 아쉬탕가 수업을 듣게 되었다. 처음부터 끝까지 강사님이 정말 숨도 안 쉬고 수업을 이어나가셨는데, 나는 주변에 있는 다른 사람들을 엉터리로 따라 하다 보니 한 시간이 금방 지나 있었다.

말 그대로 우당탕탕 첫 요가 수업이 끝나고 세 가지 매력에 빠져 요가를 시작하게 되었다. 첫 번째로 땀을 뻘뻘 흘리고 있는 내 모습이 너무 웃기면서도 짜릿했다. 한 시간 전만 해도 요가를 쉬운 스트레칭 정도로만 생각했었는데 과거의 나는 요가를 너무 과소평가했구나 싶었다. 두 번째로는 태어나 처음으로 나의 호흡을 찾았다는 생각이 들었다. 어쩌면 나의 전부라고도 할 수 있는 호흡이라는 친구와 이제야 인사를 한 기분이었달까? 그때의 그 기분이 참 오묘했다. 그리고 대부분의 요기니들이 공통적으로 느껴봤을 마지막 세 번째는 몸을 움직였는데 마음이 시원해지는 바로 '그 기분'이었다. 중간중간 울컥 북받쳐오는 감정들 때문에 '내가 왜 이러지?'라는 생각이 들다가도 동작을 이어나가는 나 자신이 참 대견하고 고맙고 또 안쓰러운 복합적이 기분이었다.

 그렇게 내가 느낀 그 감정과 요가의 매력을 다른 사람들에게 전해주고 싶어 요가 강사가 되었다. 나와 수업 후 많은 회원님이 눈물을 보이곤 한다. 나 또한 그렇게 요가를 시작했기에 그 눈물의 의미가 참으로 감사하고 특별할 수밖에.

 지금은 비록 하타 수업을 주로 하고 있지만 처음으로 요가의 진가를 알려준 아쉬탕가는 나에게 정말 소중하다. 어쩌다 보니 요가 찬양이 된 것 같은데, 이왕 시작한 김에 조금 더 찬양을 이어나가보겠다.

 앞에서 언급했던 아쉬탕가 요가의 드리시티(시선)를 기억하는가? 요가 강사를 하며 부상이 잦아지는 시점에 '나는 언제까지 요가를 할 수 있을까? 요가 안내자는 몸을 갉아먹는 직업이지 않을까? 잘하는 강사란 과연 어떤 것을 말하는 거지?' 이러한 생각들로 번아웃이 온 적이 있다. 몇 달간 그 좋아하던 요가도 하고 싶지 않고 수업을 하는 것이 전혀 행복하지 않았다.

 이렇게 손 놓고 있다간 요가와 완전히 멀어질 것만 같아 한 시간 반짜리 아쉬탕가 영상을 틀어놓고 집에 있는 오천 원짜리 다이소 매트를 폈다(매트만 있다면 어디서든 할 수 있다는 건 요가의 큰 장점이다!). 겨우겨우 구령에 맞춰서 호흡을 하고 정해진 시선을 따라가다 보니 이름도 어렵다는 '웃티타 하스타 파당구쉬타아사나'라는 동작을 마주했다. 한 발을 들고 서는 밸런스 동작을 할 땐 주변에 점 하나를 찍어 시선을 고정하는 것이 아주 좋다. 그렇게 시선을 찍고 다리를 올리는 순간 몸은 이리저리 휘청휘청하는데 시선만큼은 벽에 박힌 작은 못 하나에 고정하고 끝까지 놓치지 않았다.

아주 길게 느껴졌던 다섯 호흡 동안 그 고정된 시선 하나 덕분에 무거운 몸뚱어리의 중심을 잡을 수 있었다. 그 사실이 어쩌면 내 삶에서도 내가 나아가고자 하는 그 방향성만 정해져 있다면 얼마큼 흔들려도 다시 돌아올 수 있을 거라는 깨달음을 주며 눈물이 쏟아지기 시작했다.

요가를 설명할 때 나는 늘 '고요 속의 외침'이라고 이야기한다. 별것 아닌 듯 보이는 동작이어도 그 동작을 하는 사람이 내면으로 얼마나 크게 소리를 지르고 있을지 우리는 모르기 때문이다.

지금 당장 눈을 감고 한 발을 최대한 하늘 높이 올려 버텨보면, 얼마 지나지 않아 휘청거리며 금방 발이 바닥으로 떨어질 것이다. 그런데 같은 동작을 눈을 뜨고 시선을 한 곳에 고정한 채로 다시 해보면 어떨까? 전보다 쉽게 동작을 만들 수 있다.

삶의 목표 또한 요가의 드리시티와 같다는 생각이 든다. 지금까지 했던 일에, 당장 하고 있는 일에, 이제부터 하고자 하는 일에 방향성과 목표가 없다면 우린 쉽게 무너지고, 다시 일어서도 바로 중심을 잡지 못한다.

최근 요가 강사를 꿈꾸는 친구가 "선생님은 어떻게 그렇게 빠르게 성장하실 수 있었나요?"라는 질문을 하길래 나는 이렇게 답했다.

"저도 잘 모르겠지만 그냥 좋은 사람이 되고자 했어요."

나의 방향성은 '좋은 사람'과 '따뜻한 세상'에 있었고, 길을 잃고 번아웃이 올 때마다 그것들이 나를 다시 가고자 하는 길로 돌아올 수 있게 해주었다. 자주 방향을 잃고 삶의 이유를 찾아 헤매고 매일 아침이 힘겹게 느껴진다면, 이젠 '내 삶의 드리시티'를 찾을 때가 된 것이다. 마음의 눈을 뜨고 나만의 드리시티를 찾아 한걸음 내디뎌보자.

거꾸로 바라보는 세상에선

요가에 빠져본 사람들이라면 한 번쯤은 꿈꾸는 머리 서기는 '지탱하다'라는 뜻의 '살람바'와 '머리'라는 뜻의 '시르사'라는 단어가 합쳐진 '살람바 시르사아사나'라는 이름을 가지고 있다. 양 팔꿈치와 정수리로 세 꼭짓점을 만들고 두 다리는 하늘을 향해 끌어올리는 아주 강렬하고 도전적인 동작이라 '역자세의 꽃'으로 불리기도 한다.

요가 동작은 사람마다 성공하는 시기가 다른데, 나는 살람바 시르사아사나를 성공하는 데 거의 1년이 걸렸다. 처음 이 동작을 하기 위해 정수리를 매트에 내려놓고 나니 세상이 거꾸로 보였다. 익숙하지 않은 무게중심과 높아지는 안압까지 모

든 게 너무 무서워서 눈을 감아버리기도 했다. 그러다 조금 익숙해진 뒤에는 다리를 바닥에서 떼보려고 했는데 한 다리만 떼도 뒤로 넘어갈까 봐 무서워서 입을 꾹 다물고 윽 소리만 내다가 또 몇 개월을 보냈다.

그렇게 1년쯤 되던 때에 처음으로 두 다리를 떼는 것부터 하늘을 향해 뻗어내는 것까지 혼자 성공하고 나선 수영처럼 몸에 익게 되어 벌벌 떨면서도 곧잘 했다. 그 시간과 노력에 나름 자부심을 가지고 요가 강사 생활을 했는데, 어느 날엔가 그 마음이 정말 부질없다는 걸 깨닫게 되었다.

여느 때처럼 베이직 수업에 들어가 연습했던 것처럼 머리 서기 하는 법을 알려드리고 벽으로 가서 다들 다리를 떼는데 웬걸, 오늘 처음 해본다는 회원님이 바로 성공하는 게 아닌가. 그것도 아주 잘! 완벽하게! 나도 다른 회원님들도 모두 박수를 치면서 신기해했다.

그런데 수업이 다 끝나고 집으로 돌아오는 길에 만감이 교차했다. 처음엔 허무했다가, 그다음엔 머리 서기를 성공하는 데 1년이나 걸린 나 자신이 너무 한심했다가, 그다음엔 더 열심히 해야겠다고 열을 내다가…. 모든 감정이 휩쓸고 간 자리엔 결국 '나'만 남았다.

곰곰이 생각해보니 지금까지 열심히 한 건 바로 나 자신인데 왜 갑자기 다른 사람의 성공에 그 모든 노력을 한심하게 치부해버렸는지 모르겠다. 비교라는 게 참 웃기다. 아무리 스스로를 100점짜리 인간이라고 생각해도 타인과 비교하는 순간 만점이 100점이 아니라 1,000점이 되기도, 갑자기 10점짜리 인간이 되어버리기도 한다.

머리 서기를 단번에 성공한 회원님 덕분에 나의 요가 여정이 달라졌다. 그날을 기점으로 인생에서 '비교'를 멈춰보기로 다짐하게 되었고, 덕분에 중도中道라는 것을 깨우쳤고, 또 그 덕분에 지금껏 큰 부상 없이 건강히 요가 안내자의 길을 걷고 있다고 생각하기 때문이다.

가뜩이나 남을 멋대로 판단하고 재단해버리는 요즘 사회에서 굳이 자진해서 스스로를 과소평가하고 비교하지 말자. 나만큼은 나를 온전히 믿어주자. 굳이 남을 부러워하면서 내가 가진 것과 내가 해온 일을 깎아내릴 필요는 없다. 거꾸로 바라보는 세상에선 잘하고 못하는 건 정해져 있지 않다. 그러니 떳떳하게, 바르게, 열심히, 행복하게 나의 일을 해나가면 그뿐이다.

요가 수업 후 먹는
피자는 깨달음을 준다

요가원 바로 아래층에는 동네에서 꽤 유명한 피자집이 있다. 회원님들은 저녁 수업이 끝나고 배가 고파진 상태에선 피자 냄새를 그냥 지나갈 수 없다며 집 가는 길에 한 판씩 포장해 가곤 한다.

하루는 수업이 끝나고도 다들 집에 안 가고 요가원을 서성거리고 있었다. 너무 힘들어서 계단을 내려다가 다리를 헛디딜까 무섭다는 이유였다. 속으로 '그렇게까지 힘들었나?' 생각하며 죄송한 마음에 농담 반 진담 반으로 "좀 쉬면서 피자라도 먹을까요?"라고 물어봤더니 아홉 명의 회원님 모두 이구동성으로 좋다고 대답했다. 다들 정말 힘들었구나 싶어서 "이참에 오늘 피자데이 합시다!"라며 지갑을 챙겨서 바로 아래층으로 내려가 피자 세 판을 시켰다. 루꼴라 피자, 트러플 풍기 피자 등 요즘은 정말 신기한 피자들이 많아져 군침을 돌게 했다.

그날을 시작으로 한 달에 한 번 피자데이를 만들게 되었다. 요일도 무작위에 아무것도 정해진 게 없이 차담을 하다 "다음 주 피자데이!"라고 외치면 그날이 피자데이가 되는 식이다. 그런데 아무 생각 없이 시작한 작은 이벤트가 점점 요가원의 분위기를 바꿔주었다. 마냥 조용하고 차분했던 공간에 어느새 생기가 넘치고 조화로워졌다는 기분이 들었다.

도대체 무엇이 공간의 기운을 바꿔준 것일까? 조용히 혼자 차를 마시며 생각했다. 그러다 그동안 나와 맞지 않는 에너지로 공간을 채우고 있었다는 사실을 깨달았다. '요가원은 정적이고 성스러운 분위기의 것들만 있어야 해! 너무 크게 떠들면 안 되고, 들떠 있는 것들을 차분하게 만드는 곳이 요가원이야!'라는 고정관념과 강박들이 되레 나와 공간의 사이를 갈라놓고 있었다.

나는 이야기하는 걸 좋아하고 살짝은 들떠 있는 사람인데 요가원에선 그걸 안 하려고 하니까 나의 공간임에도 불구하고 적응을 못 했던 것 같다. 그렇게 고정관념을 깨고 웃고 떠들고 요가원에서 쾅쾅거리는 힙합 음악도 틀고 하니 이제야 그 공간이 편해지기 시작했다.

요가를 너무 좋아해서 요가 본연의 것들을 지키고 싶었던 마음이 편견과 고정관념이 되어 어느 순간 잘못된 에너지를 분출하고 있었다. 하지만 공간의 에너지는 거짓말을 못 한다. 공간의 주인이 적응을 못하면 그곳에 놀러온 손님들도 그 어색함을 인지할 수밖에 없다. 정말 신기하게도 피자데이를 몇 번 하고 나서 스스로 공간이 편해졌다고 느끼게 되자 회원님들도 여기만 오면 마음이 편해진다고 이야기하기 시작했다.

처음엔 회원님들이 너무 들떠 있으면 수업할 때 너무 힘들지 않을까 걱정했는데, 오히려 차분해지는 자신의 모습을 인지하게 되니 모두가 좋아했다. 고요히 뛰는 심장은 눈치채기 어렵지만 쿵쾅쿵쾅 뛰는 심장은 느끼기가 더 쉬운 법이니까. 시작할 때 마음이 들떠 있으니 수업을 하고 명상을 할수록 현재를 자각하고 마음에 평온해지는 과정을 온전히 느낄 수가 있는 거다.

이제는 내가 하는 일들에 고민이 생길 때마다, 편견이나 고정관념이 불쑥불쑥 고개를 들 때마다 첫날의 피자데이를 떠올린다. 요가원이 정말 편안하다고 느껴졌던 그날의 감정을 떠올린다. 요가원에만 오면 마음이 편해진다던 회원님들의 표정을 떠올린다. 그러면 다시금 마음을 다잡게 된다.

'그래. 나는 이 공간에서 가장 나다운 모습으로 요가를 하자. 그런 요가 안내자가 되자.'

그러니 우리,
그럼에도 함께이기를

 요가원에선 연말이 되면 "올 한 해 어땠나요?"라는 질문으로 차담을 이어간다. 어김없이 질문을 던지니 예상치 못하게 한 회원님이 "선생님은 어떠셨어요?"라고 반문을 해왔다. 차를 대접하는 팽주로 앉아 있는 입장에선 대답보단 질문을 많이 하기에 오랜만에 받는 질문에 꽤 설레는 마음으로 2024년 한 해를 돌아보았는데, 더할 나위 없이 행복하고 감사한 날들이 가득 떠올랐다. 물론 힘든 일도 많았지만 그것들을 모두 이겨낼 힘과 함께해주는 사람들이 있었기에 그마저도 감사한 일이었다.

 한 줄 평으로 더할 나위 없었다고 정리하고 질문을 넘기니

한 회원님이 한참을 망설이다가 정말 밝은 웃음을 보이며 올해 아빠가 갑자기 돌아가셨는데 요가를 하면서 마음을 잘 정리했다는 이야기를 꺼냈다. 나와 나이가 비슷한 또래의 회원님이었는데 그 대답에 내 마음이 툭하고 주저앉더니 생각을 거치지도 않고 눈물이 나오려 하길래 두 눈을 질끈 감고 그 회원님을 안아줄 수밖에 없었다. 사랑하는 사람을 잃는 고통은 시간이 지나도 채워지지가 않는다는 것을 알기에 힘내라거나 괜찮아질 거라는 말보단 나에게도 가장 위로가 되었던 질문을 던졌다.

"아버님은 어떤 분이셨어요?"

그 어느 때보다 집중하며 그녀의 이야기를 들어주던 그 모든 눈빛들이 아직도 선명하다. 이야기를 다 하고 다음 회원님에게 질문을 넘겼는데 앞선 회원님의 이야기를 듣고 눈물을 흘리느라 곧바로 대답하지 못했다. 이렇게나 누군가의 말에 진심으로 공감하는 사람들이 있어서 너무 감사한 마음을 갖고 기다렸다. 그 회원님은 조금 진정이 되자 눈물을 닦으면서 자신도 아빠가 갑자기 돌아가신 지 2년 정도 되어서 너무 공감이 돼서 눈물이 났다고 했다. 내가 모두의 사정을 다 알 순 없지만, 세상에 이렇게 힘든 일을 겪고 또 그렇게 환하게 웃어주던 회원님들이 안쓰럽기도 하고 고맙기도 하고 만감이 교차했다.

두 번째로 대답했던 회원님은 처음 이야기를 꺼낸 회원님에게 "충분히 아파하고 우셔야 해요. 안 그럼 마음도 곪아요."라는 말을 남겼다. 그리고 50대 회원님의 차례가 되었는데 그 회원님도 엄청 울고 계셨다. 2년 전에 남편이 갑자기 세상을 떠났다고 말씀하셨다. 그 회원님께는 아들이 있는데 앞의 두 회원님을 보고 있자니 '우리 아들도 이렇게 힘들었겠구나. 내 마음 신경 쓰느라 아들은 전혀 신경 써주지 못했네.'라는 생각이 들어 너무 미안했다고. 그렇게 눈물바다가 된 차담이었다.

너무나 슬픈 주제였지만 서로를 통해 위로받고 위로하고 배우고 깨달았던 그날의 차담을 잊을 수가 없다. 우리의 삶은 늘 예측불허하고 불가항력적인 것들에 상처 받고 아파하고 무기력해져서 결국에는 세상에 지치지만 그럼에도 함께여야 한다. 아니, 그렇기 때문에 함께여야 한다. 더 나아갈 수 있는 힘을 함께함을 통해 얻을 수 있다는 사실을, 좌절하는 모든 순간 떠올렸으면 한다.

잠시 나만의 공간, 퀘렌시아에서 숨을 고르고 다시 나와야 한다. 당신의 손을 잡아줄 누군가 문 앞에서 기다리고 있다. 한 발씩 걸어 나왔는데 만약 아무도 없다면 먼저 덥석 잡아버리면 된다. 혹여나 누군가 뿌리치더라도 좌절하지 말고 끝까지 누군가의 손을 잡다 보면 배우고 위로받고 그러다 좌절도 하고 다시 일어서면서 이 세상이 주는 슬픔과 아픔을 이겨낼 수 있을 것이다. 당신의 손을 잡아주기 위해 나 또한 당신의 옆에서 기다리고 있겠다.

그러니 우리, 그럼에도 함께하기를.

아홉 살의 나

누가 더 힘들고 덜 힘들고 그 우위를 정할 순 없겠지만 나도 참 많이 힘든 20대 초반을 지나온 것 같다. 나는 '내 삶에 대한 소중함'이 없는 사람이었다. '내가 없으면 부모님이 슬퍼하시겠지. 언니도 엄청 슬퍼할 거야.' 삶의 이유가 내가 아닌 타인에게 있었기에 오늘 죽어도 아쉽지 않은 삶이었다. 어쩌면 대수롭지 않은 그 가치관이 삶에 대한 의지를 점점 갉아먹고 있었던 것 같다.

이유 없는 우울증이 심해지면서 지푸라기라도 잡는 심정으로 정신과 이곳저곳을 방황하며 돌아다녔다. 그러다 스물두 살에 처음으로 심리 상담을 받아보았는데 선생님의 첫 질문이 가족들과의 관계가 어떻게 되냐는 것이었다. 나는 한 치의 망설임도 없이 "저희 가족은 세상 그 어떤 가족들보다 화목하다고 자부할 수 있어요. 제가 힘든 건 가족들 때문이 아니에요."라고 답했다. 그랬더니 웬걸, "거기서부터 시작해보죠!"라고 대답하시는 거다. 순간 잘못들은 줄 알았다. 우리 가족이 완벽한 가족이라고 말하는 게 왜 문제라는 건지 이해할 수가 없었다. 이어서 선생님은 세상에 완벽한 것은 없다고 하셨다. 완벽한 사람이 없기에 완벽한 관계도 없다고. 사람이 얼마나 불완전하고 불안정한데 그런 사람끼리 가장 얽히고설킨 '가족'이라는 관계에서 완벽이라니, 지금 생각해보면 왜 그렇게 말씀하셨는지 너무나 이해가 된다.

그렇게 시작한 열 번의 상담 과정에서 나는 여태껏 내가 '가족'이라는 단어에 얼마나 얽매여 있었는지를 알게 되었다. 너무 과한 책임감과 유대감으로 인해 '나'라는 사람이 아예 없었다. 유년 시절부터 지금까지 가족을 위해서 모든 결정과 행동을 해오다 보니 진짜 내가 원하는 것을 모르고 살아온 거였다. 말 그대로 뒤통수를 한방 크게 맞은 기분이었다. 내가 옳다고 생각했던 것들이 돌아보니 누구도 원하지 않은 선택이었다.

그렇게 유년 시절까지 기억을 거슬러 올라가보니 아홉 살의 내가 있었다. 동네방네 시끄럽게 쏘다녀도 이상하지 않은 아홉 살짜리가 조용히 눈치를 보며 안방 침대에 누워 있는 엄마만 보고 있었다. 아마 아빠가 주방 식탁에 언니와 나를 앉혀놓곤 "엄마가 많이 아파."로 시작하는 이야기를 해줬던 그때부터였던 것 같다. 소리를 크게 틀고 티비를 보고 싶을 때, 신나게 뛰어 놀고 싶을 때, 좋아하는 노래를 듣고 싶을 때, 주말 낮에 배가 고플 때… 그럴 때마다 나는 아무 소리도 내지 못하고 안방에 누워 있는 엄마만 계속 보고 있었다. 그렇게 나는 닌자보다 조용히 까치발로 걸어 다니는 법을 배웠고, 소리 안 내고 문 닫기는 세계 챔피언급에, 혼자 놀기도 누구보다 잘하는 사람이 되었다.

사실 이런 기억들은 어린 시절 아주 찰나의 순간이었다고 생각했다. 하지만 어린 시절 그 작은 기억들은 어느새 눈덩이처럼 불어나 있었다. 부모님께 요즘에도 가끔 이 이야기를 하면, 정말 잠깐이었는데 어떻게 그때를 기억하는지 모르겠다고 하신다.

스무 살이 넘고 제법 멋진 어른이 되었다고 생각했는데 왜 그 아이는 외롭게 혼자 마음속 어딘가에 앉아 있었는지 모르겠다. 너무 미안하고 속상해서 말도 못 걸겠는 마음이었다. 그렇게 첫 상담을 마치고 집으로 돌아와 거울을 한참 바라보다 겨우 입을 떼어 거울 속 나에게 말했다.

"미안해."

그동안 참 열심히 살았다고 생각했다. 덕분에 고등학교 3년 내내 남들이 칭찬할 만한 전교1등이라는 성적도 받아보고, 내로라하는 좋은 직장도 다녀보고, 그렇게 좋은 딸도 될 수 있었다. 그런데 왜 난 행복하지 않았을까? 아… 잘못 살았구나. 지금까지 내가 이루어온 것들은 아무것도 내가 원하던 게 아니었구나.

그 아이가 마음 구석 깊숙이 존재하지 않았다면 나는 아마 요가도 시작하지 않았을 거고, 이 책도 쓰지 못했을 거다. 참아왔을 그 아이가 포기하지 않고 계속 존재해주었기에 지금의 나도 존재할 수 있는 것이다.

사람에게는 모두 각자만의 '아홉 살의 나'가 존재할 것이다. 지금은 괜찮더라도 언젠가 그 아이가 불쑥 튀어나와 한발씩 나아가며 발전하고 있는 나의 걸음을 붙잡을 수도 있다. 그때 걸려 넘어지면 다시 일어나는 게 너무 힘들다. 빠르게 뛰어가고 있을 때 작은 돌부리에도 크게 다칠 수밖에 없으니까. 넘어지지 않기 위해선 발 앞에 있는 돌멩이를 쓱 치워가며 바뀌는 계절에 맞춰 개나리가 피는 봄, 능소화가 피는 여름, 코스모스가 피는 가을을 지나 모든 생명이 움츠리고 숨돌리는 겨울의 속도에 맞춰 걷거나, 정신 똑바로 차리고 모든 길을 유심히 살펴보며 뛰는 수밖에 없다.

나는 칠칠치 못한 성격이라 아무리 정신을 똑바로 차려도 내 발 앞에 돌멩이를 절대 못 치운다. 그래서 천천히 걷기를 택했다. 그동안 이 커다란 세상에서 늘 알 수 없는 그물에 걸린 물고기처럼 열심히 꼬리를 흔들어도 앞으로 나아가지 못하고 있다는 기분이었는데, 드디어 꼬리의 요동대로 나아가게 되었다. 아홉 살의 나를 마주한 순간부터 말이다.

정말 괜찮으신가요?

　회원님들이 급하게 와서 가쁜 호흡으로 수업하는 것이 싫어요가 수업 전 40분 정도 차담을 하고 있다. 진지한 이야기도 나누고 질문도 주고받다 보면 하루에 한 명 정도는 항상 눈물을 보이며 본인의 이야기를 털어놓는다.

　그렇게 깨닫게 된 몇 가지가 있는데, 그중 가장 신기했던 것이 생각보다 많은 사람이 본인이 우는 이유에 대해 알지 못한다는 것이었다. 수업이 끝나고 회원님에게 갑자기 눈물을 흘렸던 이유에 대해 물어보면 "저도 내가 왜 울었는지 잘 모르겠어요."라고 대답할 뿐, 재차 물어봐도 돌아오는 대답은 여전히 똑같았다.

이제는 차라리 이렇게 답하는 게 다행이다 싶기도 하다. 더 큰일이라고 생각이 드는, 두 번째로 많이 하는 대답은 "괜찮아요. 저 정말 괜찮아요."다. 동문서답인 이 대답을 통해 우린 얼마나 자기 자신에 대해 무지한지 알 수 있다. 두 눈에선 애틋하고도 안쓰러운 눈물이 흐르고 있는데 입으로 뱉는 말은 "괜찮아요."라니…. 이 얼마나 무책임한 말인가? 자신을 돌아볼 생각조차 아니 여유조차 없는 사람들이 하는 대답이다. 힘들다고 말하면 곧바로 무너져버릴까 하는 두려움과 한 번도 힘들다고 말해본 적 없는 낯선 마음에 그냥 괜찮다고 단정지으며 회피하는 것이다.

그런 회원님들을 보며 처음엔 위로만 했는데, 이대로는 안 되겠다 싶어 요즘엔 다음 수업까지 숙제를 내주기 시작했다. "오늘 왜 눈물이 났는지 이유를 알아 오세요. 스스로를 아주 잘, 그리고 꼼꼼히 들여다보셔야 알 수 있을 겁니다."라는 말과 함께 포옹을 하고 집에 돌려보내는 것이다. 참 감사하게도 다음 수업 때 문을 열고 들어오는 그들의 눈빛은 한층 더 확신에 차 있다.

"선생님! 저 이유를 알겠어요! 일을 그만둬야겠어요."

"그 사람과 헤어져야겠어요!"

회원님들 스스로가 답을 찾아 온다. 이어지는 공통된 말은 이렇다.

"저는 제가 괜찮은 줄 알았는데 하나도 안 괜찮았나 봐요."

그 말을 들을 때마다 너무나도 기특한 마음에 주책맞게 눈물이 나올 때도 있다. "이제야 '나'를 돌아보셨군요. 아주 대견해요."라는 말이 목 끝까지 차오르지만 감정을 너무 내비치지 않는 것도 '감정 관망자'가 지켜야 할 규칙인 만큼 미소만 보인 채 따뜻한 차를 따른다(규칙을 자주 어기지만 말이다).

언젠가 수업 3개월 차 회원님이 앙증맞게 생긴 머리끈과 함께 내게 준 편지가 있다. 사랑의 세레나데 같기도 한 그 편지 속엔 "별것 안 해도 늘 예쁘게 바라봐주시고 저 또한 저를 예쁘게 바라볼 수 있게 만들어주신 맑음 쌤 덕분에 다음 주가 기다려지고 한 주가 행복해져요."라는 내용이 담겨 있었다. 스무 살 이후 처음으로 본인의 안부를 진심을 담아 물어봐준 사람이라고 말하던 그 눈엔 가끔 자신을 못살게 구는 삶에 대한 애정이 가득했다. 본인과 닮은 강아지같이 귀여운 글씨로 꾹꾹 눌러 쓴 편지를 보며 많은 생각을 할 수밖에 없었다.

'나는 과연 이들을 위로할 자격이 있나? 이들을 품어줄 에너지가 있나?'

스스로 질문을 던지다 뒤통수를 맞은 듯 이런 생각이 들었다. '아! 나는 위로를 한 적이 없구나….' 회원님들은 늘 스스로 답을 찾아왔으니 말이다. 내 역할은 그저 답을 찾을 수 있도록 안내만 해준 것이었는데 정말 오만한 생각이었다는 걸 깨달았다. 감히 한 사람의 인생을 쉽게 위로하려 들다니!

그렇게 본인이 우는 이유조차 모른 채 괜찮다는 말로 그 마음을 못 본 척하는 사람들 옆에서 나는 그들의 손을 잡고 그저 같은 곳을 바라봐주는 사람일 뿐이다. 발을 내딛는 것도, 입을 떼는 것도, 온전히 그들이 해야 할 일인데, 감히 그 큰일에 숟가락을 얹을 생각을 했다니! 오만하고 방자하기 짝이 없는 생각이었다.

당신의 문제는 오직 당신만이 해결할 수 있다. 지금은 괜찮다고 생각할지도 모르지만, 그런 당신에게 다시 한번 묻고 싶다.

"정말 괜찮으신가요?"

부디 괜찮다는 말로 자신을 방치하는 일은 없길 진심으로 소망한다. 번뇌와 고통에서 벗어나기 위해선 스스로를 진실되게 보는 것이 우선이니까.

감정이라는 손님을
잘 맞이하고 잘 보내기 위해

 그렇다면 어떻게 해야 스스로를 진실되게 바라볼 수 있을까? 답은 생각보다 간단하다.

 '내가 지금 원하는 게 뭐지? 하고 싶은 게 뭐지?'

 이 질문들에 대한 답을 하는 것이 바로 진실과 가까워지는 방향이다. 대부분의 사람은 '쉬고 싶어요. 그 사람을 그만 보고 싶어요.' 등등 직접적인 해결책을 이야기한다. 답은 참 쉬운데 그걸 했으면 지금 마음이 힘들지 않았겠지 싶을 거다.
 그런데 고민하고 있는 그 문제가 길어야 100년 남짓 살 수 있는 유한한 삶 가운데 정말 그렇게까지 중요한 일인지 다시 한번 묻고 싶다. 나는 20대 초반 번아웃이 와서 하고 있는 일을 다 그만두고 백수 생활을 하다 요가 강사의 길을 꿈꾸게 되었다. 번아웃이라는 너무나 커 보이는 문제로 인해 결국 요가를 만날 수 있었고, 지금의 '맑음'이 될 수 있었다.

가끔은 "그만 힘들고 싶어요. 그만 우울하고 싶어요."라며 감정을 이야기하는 사람들도 있다. 이런 사람들은 정말 오랫동안 내 마음을 돌보지 않은 사람들일 것이다. 이들에게 왜 힘든지, 왜 우울한지는 중요하지 않다. 오직 그 감정과 내가 얽히고설켜 있을 뿐. 이런 사람들에게는 꼭 일기를 써보기를 추천한다. 감정과 나를 분리하여 바라보는 연습을 해보는 거다. 그리고 일기를 쓸 때 지켜야 할 규칙이 딱 한 가지 있는데 바로 '감정 나열하지 않기'다.

감정에 치우친 삶을 살다 보면 모든 일을 감정으로 기억하는 게 익숙해지기도 한다. 이를테면 나는 스무 살 이후 꾸준히 다이어리를 쓰고 있는데, 우울증이 심했던 스무 살 초반 다이어리를 보면 전부 내가 느낀 감정들만 적혀 있다. 힘들다, 우울하다, 외롭다… 같은 감정투성이인 일기 속에 왜 그런 감정을 느꼈는지 그 답을 찾을 수 있는 문장은 하나도 없었다.

요가를 시작한 20대 중반이 되어서야 아주 현실적이고 직관적인 글을 쓰기 시작했는데, 누구와 어디서 왜 그런 일이 있었는지, 어떤 감정이 들었고 그 감정이 어떻게 사라졌는지까지 쓰다 보니 '감정'이라는 것이 쉽게 생기고 쉽게 사라질 수도 있는 것이라는 사실을 깨닫게 되었다. 어렸을 때 썼던 일기를 다시 읽으면서는 슬픔, 우울 같은 감정들을 내 안에 꼭 끌어안고 보내주지 않기 위해 애를 쓰고 있었다는 사실도 깨달았다.

감정은 '손님'이다. '나'라는 사람은 순간적으로 일어나는 감정을 잘 바라보고 잘 구슬려서 아주 잘 보내줄 의무가 있는 '주인장'이고 말이다. 주인장이 손님에게 자리를 내어줘서야 되겠는가? 자리를 잘 지키고 앉아 "오늘은 진상 손님이 왔군!", "오늘은 반가운 손님이 왔군!" 하며 그저 관망하고 지켜보다가 그 감정이 떠날 때가 되면 미련 없이 보내주어야 한다.

이제부터라도 주인장이라는 제3자의 입장에서 감정이라는 손님을 바라보는 연습을 해보자. 많은 회원님을 만나고 그들의 이야기를 들으면서 이제야 알게 된 아주 귀하고 중요한 팁을 여러분에게만 공개한 것이니, 꼭 한번 연습해보길 바란다.

맑음 쌤,
쓴소리 좀 해주세요

 요가원엔 요가를 너무 사랑한 나머지 요가 강사의 길을 공부하고 있는 친구들이 있다. 요가가 참 신기한 게 한번 푹 빠진 사람들은 수련하는 것에서 끝나는 게 아니라 꼭 지도자 수업을 듣거나 요가 강사라는 직업까지 선택한다. 그래서 시작한 지 한두 달도 되지 않아 그 매력을 느낀 사람들은 몇백만 원씩 하는 지도자 과정을 등록해 제대로 요가의 길에 들어서는 것이다.

 내가 시간제로 다니던 요가원을 다 그만두고 작업실을 구해 수업을 시작하던 시점에 찾아와준 친구가 있다. 예쁜 이름과 하얀 피부를 가진 그 친구는 몇 달이 넘도록 조용히 와서 수업만 듣고 가더니 어느 날 갑자기 요가 강사가 되어야겠다고 말했다. 나를 보고 꿈이 생겼다는 그 친구의 말에 마음이 참 오묘했다. 누군가 나로 인해 꿈이 생기고 인생이 바뀌었다고 하는 그런 일들이 살면서 자주 있는 일은 아니니 말이다. 그 친구에게 좋은 커리큘럼의 요가 지도자 과정을 추천해주었다. 지도자 과정을 듣고 있는 요가원에서 무료로 수업을 들을 수 있는데도 불구하고 그 친구는 꾸준히 내 수업을 찾아와주었다.

그런데 몇 달이 지난 시점 내 욕심이 불쑥 튀어나왔다. 한창 수업에 대한 열정으로 반짝반짝해도 모자랄 판에 그 친구의 눈이 너무 풀려 있는 게 아닌가. 차담 시간에도 한없이 멍만 때리다가 수업을 듣는 모습을 보고는 처음엔 힘들어서 그런가 싶었는데 시간이 갈수록 그게 그 친구의 습관이라는 확신이 들었다.

그래서 하루는 수업 후에 조심스럽게 이야기를 꺼냈다. 그렇게 축 처진 눈이 습관이 되면 나중에 강사가 돼서도 절대 못 고친다며 회원님들은 수업 시작 전부터 끝까지 선생님 눈만 보고 있을 텐데 1분이 아니라 1초도 지친 눈을 하면 안 된다고 잔소리를 했다. 처음으로 안 좋은 말을 하니 그 친구도 당황한 기색으로 자리를 마무리했는데 고요히 명상을 하고 있으니

'아, 내가 또 욕심을 부렸구나.'하는 생각이 들었다. 그 친구가 잘했으면 하는 욕심, 좋은 강사가 되었으면 하는 욕심, 나와 같은 마음이었으면 하는 욕심. 그 모든 생각들이 그저 나의 욕심이었다. 그 친구도 나름대로 잘하고 있었을 텐데 굳이 나서서 한소리를 해버린 것이다.

그날 밤에는 복잡한 마음에 반성 일기를 쓰고 불편한 잠을 이뤘는데, 다음 날 그 친구에게 문자 한 통이 와 있었다.

- 선생님! 저 쓴소리 좀 들으러 가도 될까요?

고맙고 대견하고 또 미안한 마음이 들었다. 나는 많고 많은 말들 중에 그저 환영한다는 답장을 보냈다. 문자를 받은 그날, 저녁 수업이 끝나고 차담을 하면서 나는 그 친구에게 하고 싶었던 말들을 시작했다. 그런데 나의 질문에 돌아온 대답이 내 말문을 막았다.

"제가 보기에는 왜 열정이 없는 것 같죠?"

"선생님, 저 사실 요즘 다시 우울증에 빠진 것 같아요. 힘을 내고 싶은데 힘이 안 나요. 어쩌죠?"

아차 싶은 한마디. 나는 쓴소리를 해달라는 말에 옳다구나 하며 혹여 꼰대 선생님 소리 들을까 차마 하지 못했던 말들을 다 생각해놓았었다. 요가 안내자라는 사람이 외적인 것만 바라보고 쉽게 판단해버리다니! 낯부끄러워지는 순간, 호흡을 가다듬고 태연히 말을 이어갔지만 스스로가 창피해졌다.

자신의 삶의 가치에 대해 이야기하는 그 친구를 바라보며 참 애틋한 마음이 들었다. 이 세상에 원해서 자발적으로 태어난 사람이 어디 있겠냐마는, 그럼에도 불구하고 단지 내가 선택해서 태어난 게 아니라는 그 이유 하나만으로도 인간은 참 불쌍하고 고독한 존재 같다는 생각이 들었다.

그리고 책에서 흔히 표현하는 '어린아이의 닭똥 같은 눈물'을 그날 처음 보았다. 길 잃은 아이가 제 엄마를 찾다 지쳐 길가에 푹 주저앉아 소리 없이 흘리는 것 같은 그런 눈물이 그 친구에게서 흘렀다. 그 친구는 스물한 살의 나이에 이제야 길을 잃었다는 사실을 알아차리고는 울었다. 맞은편에 앉아 그 친구를 보고 있자니 참 다행이라는 생각이 문득 들었다. 그 눈물의 의미를 나도 너무나 잘 알고 있기에 이제야 그 친구도 제대로 된 길을 걸어가겠다는 확신이 들었기 때문이다.

나는 이제 회원님들의 그런 마음을 들여다보기 위해 애쓴다. 어떤 회원님의 모습을 보고 불쑥 잔소리를 하려다가도 그의 내면을 헤아려보기로 한다. 살아가면서 길을 잃는 것보다 더 답이 없는 건 바로 길을 잃은 줄도 모르는 것이다. 나는 요가원에 오는 회원님들이 각자의 여정을 잘 걸어가고 있는지, 혹시 길을 잃은 건 아닌지, 길을 잃었다는 사실조차 모르고 있는 건 아닌지 더 세밀하게 살피는 요가 안내자가 되고 싶다. 이런 다짐은 바로 그 친구의 닭똥 같은 눈물에서 시작되었다.

당신의 아픔과
슬픔을 기다리며

 내가 학교 다닐 때만 해도 은근한 따돌림, '은따'라는 표현이 있었는데 요즘에는 어떻게 말하는지 모르겠다. 나는 학창시절에 은따를 많이 당했다. 은따가 참 어려운 게, 겉으로 보기엔 잘 지내는 것처럼 보인다. 어떤 무리 안에 잘 속해 있는 것 같고 친구들이랑 이야기도 잘하는 것 같다. 그런데 자세히 들여다보면 무리 안에 온전히 속하지 못하고 따돌림을 당하는 것이다.

 초등학교에서 중학교를 넘어갈 때, 중학교 2학년에서 3학년으로 넘어갈 때, 그렇게 딱 두 번 인생에서 후회하는 순간이 있다. 둘 다 비슷한 사연이다. 정말 친했던 친구와 학년이 바뀌어도 우리 우정 영원하자고 약속하며 새학기를 맞았지만, 새로운 반에서 새로운 친구들을 사귀느라 그 친구들을 놓아버렸다. 고작 열세 살, 열여섯 살 그때의 영현이가 살기 위해 선택한 발악이었겠지만, 어쩌면 그때의 선택들이 업으로 돌아와 왕따가 된 것은 아닌가 하는 생각도 많이 했다. 영원을 다짐했던 우정도 결국 새로운 환경의 변화와 혼자가 될 것이라는 불안감 앞에 가볍게 무너졌고, 당시에 새롭게 사귀었던 친구들은 지금은 연락도 안 할 정도로 가벼운 사이로 남았다. 그런데도 그 시절에는 왜 무엇이 우선인지를 모르고 안타까운 선택들만 했던 걸까?

심하게 왕따를 당했던 때도 있다. 당시엔 쓰레기통에도 들어가보고, 가방이 우유로 흠뻑 젖어도 보고, 머리에서 냄새가 난다며 뒤에서 수근대던 목소리들을 견뎌도 보았다. 그런 일들을 겪다가 부모님께 전학 가고 싶다고 말씀을 드리니 엄마가 학교로 찾아오셨고, 함께 학교에 있는 상담센터로 향했다. 이런저런 일들을 겪었고 이 친구들만 없으면 학교를 정말 잘 다닐 수 있을 것 같다고 말씀을 드렸는데, 선생님과 엄마로부터 돌아온 대답은 이 학교에서 이렇게 힘들면 어딜 가도 그럴 거라는 말이었다.

참 웃기지 않은가? 어딜 가도 똑같을 거라니. 그 말은 결국 내가 바뀌어야 한다는 이야기였다. 상황을 내 탓으로 돌리는 것 같은 그 말이 마음에 얼마나 큰 상처로 박혔는지 사실 아직도 생각하면 감정을 꿈틀거리게 하는 트리거 중에 하나다. 그 말을 들은 후로 나는 나를 괴롭힌 그 친구들이 아닌 내가 잘못되었다고 자책하기 시작했다. 졸업까지 남은 날짜를 헤아리며 버티다가, 그냥 죽어버려서 그 애들한테 복수를 할까 고민하는 날들도 더러 있었다.

그렇게 중학교를 졸업하고 고등학교에 입학한 후에는 다른 건 다 필요 없고 그 말이 틀렸다는 걸 증명하고 싶었다. 이 학교에선 새로운 친구들과 아주 잘 지낸다는 사실을 세상에 보여주고 싶었다. 사실 그 말 때문에 열심히 공부한 것도 있다. 덕분에 생전 꿈도 못 꿔 본 전교 1등도 3년간 해보고 정말 꿈같이 행복했던 고등학교 생활도 할 수 있었으니 결론적으로는 이미 그 말이 틀렸다는 걸 증명한 게 아닐까?

오후 다섯 시 요가 수업은 일반적인 직장인은 올 수 없는 시간이니 다양한 직종의 회원님들과 함께한다. 특히 퇴사한 지 얼마 안 된 회원님들이 많은데, 정말 분하게도 생각보다 많은 분이 회사 내 따돌림 때문에 퇴사했다고 했다. 시대가 어느 때

인데 아직도 직장 동료가, 상사가, 대표가 사람을 이렇게까지 하대하고 무시할 수가 있을까 싶은 사연들을 들고 요가원을 찾는다.

그런 이야기를 하도 듣다 보니 어쩌면 그게 인간의 본성인가 싶기도 하다. 이유 없이 누군가를 괴롭히고 격리하는 습성을 가지고 태어나는 걸까 의심도 된다. 어쨌든 지금의 나는 그런 이유로 퇴사했다고 말하는 회원님에게 아주 잘했다고 다독이며 절대 자신의 탓을 하지 말라고 말한다. 나도 겪어봤기 때문에 그 괴롭힘은 이유가 아주 단순하고 악하다는 걸 안다. 그렇지만 그 상황을 겪은 당사자에게는 깊고 진한 상처로 남는다는 것도 안다.

내가 할 수 있는 위로는, 어딜 가나 똑같을 거라는 무력감에서 벗어나도 된다는, 결국 나를 알아주고 인정해주는 사람들을 만날 수 있을 거라는 작은 확신의 말뿐이다. 하지만 나도 그 일들을 겪어본 사람이기에, 그 마음을 느껴본 사람이기에 깊이 공감하고 함께 울어줄 수가 있다. 그때는 죽고 싶을 만큼 견디기 힘들었던 일들이었지만, 그런 아픔들이 쌓이고 쌓여 나를 요가 안내자의 길로 이끌었다. 그러니 나는 언제나 이 요가원에서 오래도록 자리를 지키며, 마음이 다치고 몸이 지친 사람들을 기다리고 있겠다. 그들의 이야기와 아픔과 슬픔을, 그리고 다시 찾을 행복과 기쁨을 기다리고 있겠다.

그 어떤 것도
나를 해칠 수 없다

아침 명상을 시작한 지 2년쯤 지난 어느 날, 이유 없는 불안함과 답답함이 마음속 깊이 자리 잡은 때가 있었다. 이 답답함이 어디서부터 오는 것인지 머리를 싸매고 여러 날을 고민해봐도 원인을 찾지 못하자 날씨 탓을 해버리기도 했다. 날씨가 우중충해서, 해가 쨍쨍해서, 너무 더워서, 너무 추워서 그런 거라고 말이다.

그런데 가끔은 날씨 탓을 해도 혹은 다른 것을 탓해봐도 마음이 나아지지 않을 때가 있다. 왠지 모르게 불안하면서 꼭 무슨 일이 일어날 것만 같은 이런 생각이 계속되는 건 공황장애의 한 증상이라고도 하던데… '공황장애'라니 왠지 무서운 이름을 하고 있어서 가끔은 무슨 심각한 죽을병처럼 느껴지기도 했다.

공황장애가 무엇인지 제대로 알지 못했을 때 강남 교보문고를 돌아다니다 갑자기 건물이 무너질 것 같은 기분을 느낀 적이 있다. 숨 쉬는 게 너무 힘들어 건물 밖으로 나오니 이번엔 맞은 편에서 길 건너 오는 사람들이 칼을 들고 있을 것 같은 이상한 두려움이 엄습해왔다. 절대 그럴 일이 없다는 것을 알고 있는데 그냥 그런 생각이 내 머릿속을 지배해버린다. 생각은 감정을 지배하니 두렵고 답답하고 숨이 안 쉬어지는 신체적 억압들도 생기게 되고 말이다.

증상이 심각한 것 같다는 생각에 다음날 상담을 받으러 갔고 공황장애라는 진단과 함께 약을 처방받았다. 처음 의사 선생님이 "공황장애입니다."라고 말했을 때 내가 했던 말이 아직도 기억난다.

"공황장애요? 저는 요가 강사고 마음을 다스리는 직업을 가지고 있는데 그런 제가 공황장애라뇨. 아닐걸요?"

나는 공황장애라는 진단을 아주 온갖 이유를 붙이며 부정했다. 그러다 어느 순간 내가 나를 끝까지 부정하고 있다는 생각이 들었다. 갑자기 스스로가 얼마나 안쓰럽고 불쌍하던지. 아품마저 부정하고 인정해주지 않는 내 모습을 보며 겉으로만 요가 안내자라고 말하고 있었다는 생각에 처음으로 온전히 내 상태를 받아들이기 시작했다.

그날 이후 개인 수업을 제외한 모든 수업을 정리하고 혼자만의 시간을 갖기 위해 명상 시간을 늘리고 차를 마시는 시간도 꽤 많이 가졌다. 그렇게 점점 내면을 들여다보면서 처음 무의식의 존재를 만나게 되었는데, 잔잔했던 일상과는 다르게 무의식 속에선 굉장히 높은 파도들이 치고 있다는 것을 깨달았다. 그 파도들이 겹치고 겹치다 결국 일상을 덮쳐버린 거다.

지금 생각해보면 그게 바로 공황장애로 나타났던 것 같다. 우린 여전히 평범하고도 지극히 일상적인 하루들을 살아가고 있다고 생각하지만 사실 21세기에 말도 안 되는 전쟁 소식과 이상기후 변화들, 제어할 수 없는 자연재해 같은 위협적인 소식들을 뉴스로 접하면서 내면에서는 잠재적인 불안감이 쌓여가고 있으니 말이다.

하지만 대부분의 사람은 내면을 들여다보는 방법을 모르고 무의식의 존재를 그리 중요하게 생각하지 않으니, 평생 해소하지 못하고 쌓여가다 이렇게 심리적 장애로 나타나는 게 아닐까? 다들 공황장애나 우울증이 생겼을 때 처음 하는 생각이

'왜 나에게 공황장애가 생긴 거지?'일 것이다. 나도 그랬다. 하지만 당연히 이유를 찾을 수가 없다. 그건 갑자기 생긴 것이 아니라 평생을 내면에 쌓아온 결과물이니까. 그러니 이제 원인을 찾기보단 잘 치료하는 것이 더 중요할 테다. 어쩌면 '해소'라는 표현이 더 적절할 수도 있겠다.

공황장애를 인정하고 가장 먼저 한 것은 현재 나의 상황이 아무리 평안하고 행복해도 나는 지금 불안하다고 인정하는 것이었다. 말뿐만 아니라 진정 마음으로도 충분히 인정하고 이해하는 것은 생각보다 더 어렵다. 불안을 인정하기까지 한 달이 넘는 시간이 걸렸고, 감정을 모두 털어놓았을 때 한결 가벼워지는 느낌이 들었다. 그제야 온전히 나를 돌보아줄 준비가 된 거다. 그다음부턴 꽤 쉬운데 정말 스스로를 지켜주고 사랑해주면 된다.

불안의 원천을 찾아보면 결국 안전하고자 하는 욕구가 가장 크다. 사람들이 돈을 많이 벌어 집을 사려 하는 것도 결국 '나'라는 사람을 지켜줄 '안전한' 공간을 얻고자 하는 마음이 투영된 것 아닐까? 나의 불안을 인정한 후에는 정말 부단히 스스로에게 안전을 확인시켜줘야 한다.

내가 자기 전 혹은 매일 아침 눈을 떠 머릿속으로 줄줄 외는

말들이 있다. 마음속에 이유 없는 불안이 자리 잡고 있다면 이 말을 일주일만 습관처럼 말해봐도 좋겠다.

"나는 안전해."
"이 세상 그 무엇도 나를 해칠 수 없어."
"그 누구의 말도 나를 상처줄 수 없어."
"눈에 보이는 것으로는 나를 아프게 할 수 없어."
"불안은 절대 실재하지 않아."
"나를 해칠 수 있는 건 오직 나뿐이야."
"오늘 내가 마주치는 그 어떤 사람도 나를 해칠 수 없어."

마치 기도 같은 이 말들은 그냥 읽을 땐 유치하게 느껴질 수도 있다. 하지만 혼자만의 공간에서 조용히 명상하며 소리내어 말할 때 진정한 힘을 발휘한다. 이 삶에서 내가 안전하지 않다고 생각해왔음을 깨닫게 될 것이다.

요즘 우울증 같은 정신 질환은 마음의 감기라는 말을 들어본 적이 있을 것이다. 감기처럼 흔하게 걸릴 수 있다는 말이다. 그렇다면 우리가 감기를 예방하기 위해 손을 잘 씻고 마스크를 끼고 비타민을 챙겨 먹고 내 몸을 챙겨주는 것처럼, 찾아오는 우울과 불안을 예방할 방법을 잘 터득해두는 것이 좋지 않을까? 나의 경우에는 앞의 말들이 그 예방법이었다.

예방법을 찾은 뒤에는 평생을 밝고 맑은 마음으로 살아갈 수 있다면 참 좋겠지만 그렇지는 않을 것이다. 하지만 우울이나 불안이 찾아올 때 '아~ 너 또 왔니? 잘 지내보자.'라며 자연스럽게 받아들이다 보면, 어느샌가 이전보다는 덜 불안해하는 나를 발견할지도 모른다.

불안의 이름

아주 어렸을 땐 주로 내가 무엇을 하고 싶은지에 대한 생각을 했다면, 시간이 흐르면서 내가 하고 싶은 것보단 사회가 원하는 것을 해야지만 누군가가 나를 찾아준다는 것을 깨닫게 되었다. 고등학생이 되고 나서는 좋은 대학에 들어가기 위해 높은 성적과 각종 자격증을 따기 시작했는데, 아마 그때부터 점점 '나'라는 사람보단 학교, 직장 등 나를 보는 타인의 시선을 신경 쓰게 된 것 같다. 돌이켜 보면 그 과정이 정말 무서운 거였다. 갑자기가 아니라 서서히 그렇게 되기 때문이다.

고등학교 입학과 동시에 시작되는 압박들에 시간이 지날수록 '나'라는 주체가 가지고 있는 생각과 감정에 대해 돌아보는 시간이 줄어들고 그곳에 불안이 자리 잡기 시작한다. '나만 좋은 대학에 못 가면 어쩌지? 시험 성적이 안 좋으면 어쩌지?' 같은 불안들. 그 불안이 대학이나 직장에 대한 불안이 아니어도 마찬가지다. 대상이 가족이나 친구 관계로 바뀔 뿐 불안을 조절하는 방법을 배우기 전에 불안이라는 감정부터 마주하게 되어버리는 건 같으니까.

불안이라는 감정은 실체가 없기 때문에 헤쳐나오려고 발버둥 쳐도 빠져나올 방법은 없다. 애초에 '없다'고 생각해야 끝나는 감정이기 때문이다.

한번은 어떤 회원님이 어렸을 때부터 본인은 불안 강박에 시달렸다는 이야기를 했다. 머릿속에 말도 안 되는 불안의 상상이 하나 자리 잡으면 그게 다른 사람들처럼 잠깐 있다가 사라지는 게 아니라 며칠이고 지속되고 가슴이 두근거려서 잠을 못 잔다고 했다. 예를 들어 '엄마가 길을 건너다가 차에 치이면 어떻게 하지?' 이런 상상을 한번 하면 그 일이 정말로 일어날 것 같아서 잠이 안 온다고. 그 이야기를 듣는데 한편으로는 정말 평생이 저주 같았겠다는 생각이 들었다.

인간의 뇌에 하루에 스쳐 가는 생각의 개수는 대략 6만~8만 개라고 한다. 쉽게 말해 생각을 많이 하는 사람들은 1초에 한

개씩 생각을 한다는 말이다. 그런데 이 회원님은 그 몇 만개의 생각을 그냥 스쳐 보낼 수가 없었던 거다. 지금은 많이 좋아졌다고 하시기에 불안을 잠재운 방법을 여쭤보니, 성인이 되고 나서 너무 불안 강박에 생활을 하기가 너무 힘들어져서 병원을 찾아갔다고 했다. 증상을 쭉 말씀드리고 나니 의사 선생님께서 "그건 불안 강박입니다." 한마디 하셨다고. 그런데 그 이후로 증상이 정말 나아졌다고 했다.

왜일까? 바로 정의가 내려졌기 때문이다. 앞서 말한 것처럼 불안은 형체가 없기 때문에 폭풍처럼 커질 수도 있고, 먼지처럼 작아져 어느새 사라져버리기도 한다. 실체 없는 것에 이름을 붙이고 나니 형체가 보이기 시작한 것이다.

다시 쉽게 설명하면 내가 왜 힘든지를 모른 채 살고 있었는데 누군가 "너는 '이것' 때문에 힘든 거야." 하고 이야기해준 것이다. 불안 강박이 있다던 회원님은 처음엔 그런 불안한 생각들에 힘들었겠지만, 그다음엔 '도대체 나는 왜 이럴까…?' 하는 생각으로 빠졌을 테고, 누군가 그 생각을 끊어주지를 않으니 안 좋은 상상이 일어나기 전에 이미 그 일들이 일어나고 있다고 믿게 되었을 것이다.

요즘엔 SNS를 통해 '마음챙김'이라는 단어를 많이 접해봤을 것이다. 마음이 불안정한 사람들은 많아지는데 사실상 상담을 받아도 궁극적으로 해결이 되지 않으니 스스로 해결할 방법을 찾다 '마음챙김'이라는 단어를 보고 발을 들여보는 거다. '마음챙김mindfulness'은 서양에서 심리치료로 시작되어 발전된 하나의 명상이다. 동양과 서양의 명상은 분명 다른 양상을 띠고 있지만 결국 그 뜻은 하나이기에 조금 더 쉽게 접할 수 있게 요즘에는 '마음챙김'이라는 친근한 이름으로 더 많이 보이는 것 같다.

불안을 잠재우는 것에 단연 마음챙김만큼 좋은 것이 없다고 생각한다. 지금 너무 불안하고 힘들고 누군가 나를 도와줬으면 좋겠다는 생각이 든다면 명상을 꼭 시작해보길 바란다.

명상하는 법

"명상은 어떻게 하는 건가요?"

"가만히 앉아 있는 게 너무 어려워요."

"아무 생각을 안 하려다가 '생각을 어떻게 안 하는 거지?'라는 생각만 하다가 끝나요."

그런데 명상을 해보라고 말하면 대부분 이런 질문과 토로를 한다. 이번에는 늘 두루뭉술하게 끝냈던 명상하는 방법을 쉽게 설명해보겠다.

명상 초기에는 평소보다 더 많은 번뇌와 생각들이 떠오르는데 이는 당연한 일이다. 우리가 호흡할 때, 산소량의 70퍼센트는 몸을 움직이는 것에 사용되고, 나머지 30퍼센트 정도가 뇌를 사용하는 에너지로 사용된다고 한다. 그런데 명상은 몸을 움직이지 않고 가만히 앉아 뇌를 활성화하는 일이니 평소보다 더 많은 산소량이 뇌로 공급되어 번뇌가 차오를 수밖에 없는 것이다.

그러니 산란한 생각들에 너무 사로잡힐 필요가 없다. 우리가 처음으로 해야 할 것은 그저 편한 장소로 가 앉는 것이다. 허리가 아프거나 마음이 너무 불안할 땐 눕는 것도 괜찮다. 그렇게 자리를 잡고 나면 두 손을 무릎 위에 손바닥이 천장을 향할 수 있게끔 올려두고 엄지와 검지를 가볍게 붙이면 되는데, 이는 요가에서 '밧다Baddha', 즉 정신을 묶는 것과 연관 지을 수 있다. 나머지 세 손가락은 나중에 자연스럽게 붙이게 되겠지만, 처음 시작할 때는 손에 집중하다가 시간이 훌쩍 흘러버릴 수도 있으니 신경 쓰지 않아도 된다.

그렇게 눈을 감으면 이제 말도 안 되게 다양한 생각들이 떠오를 것이다. 어제 만난 그 사람부터 3년 전에 있었던 일들까지 무의식적으로 번뜩 떠오른다. 그래서 명상을 처음 할 때 가이드라인 같은 게 필요한데, 그게 바로 스스로의 몸이다.

눈을 감고 가장 먼저 정수리에 집중해보자. 정수리에 점 하

나를 콕 찍어서 그곳을 바라본다는 느낌으로 집중한다. 그렇게 그 점을 타고 이마 → 미간 → 눈 → 코 → 볼 → 인중 → 입술 → 목 → 어깨 → 팔 → 손가락 → 가슴 → 윗배 → 아랫배 → 엉덩이 → 허벅지 → 종아리 → 발바닥 → 발가락 순으로 감각에 집중해본다. 순서를 말하긴 했지만 그냥 위에서부터 아래로 자연스럽게 내려가면 된다.

이런 '보디 스캔body scan' 명상을 아침에 일어나자마자 3~5분 동안 해보기를 추천한다. 명상을 하다 보면 생각지도 못했던 변화를 발견하게 된다. 예를 들어 바쁘게 일어나서 출근이나 등교 준비를 할 때, 잠깐 명상하는 여유를 가지면 하루 시작의 주체가 학교나 회사가 아닌 나 자신이 되기 때문에 그 하루를 나에게 집중할 수 있을 것이다. 또한 잘 인지하지 못했던 내 몸의 컨디션도 더욱 잘 알게 된다. 보디 스캔 명상을 하다가 평소엔 느끼지 못했던 두통이나 몸의 어느 부분의 결림을 발견한다면, 그것을 하루 종일 신경 쓰게 되고 나를 돌보기 위해 노력할 것이다. 어깨를 한 번이라도 더 두드려줄 것이고, 두통을 없애기 위해 창문을 열어 상쾌한 공기를 한 번이라도 더 들이마시는 식으로 말이다.

명상의 효과는 바로 그것이다. 우리는 무언가를 시작할 때 큰 기대를 안고 도전하지만, 사실 변화는 그렇게 쉽게 한 번에 찾아오지 않는다는 것 또한 잘 알고 있다. 보디 스캔 명상으로 차차 나의 신체적 컨디션을 확인하는 것에 익숙해지면 이제 내면으로 들어가보는 것이다.

신기하게도 자고 일어난 직후 아무 일도 겪지 않은 상태에서도 감정은 매일 다르다는 사실을 알고 있는가? 그러니 아침에 그냥 몸과 정신만 '일어나는' 게 아니라 오늘 나의 감정까지 같이 깨워주는 것이다. 혹시나 하루 중 기분 나쁜 일을 당하거나 나를 지켜야 하는 일이 생기더라도 그냥 넘어가지 않게 말이다. 그런 일을 당하고 난 뒤에 감정을 깨우기엔 늦을 수도 있다. 잠에서 깬 직후에는 냄새를 맡거나 물건을 잡을 때 감각이 둔해져 있듯이 마음 감각도 정신을 차리려면 시간이 필요하기 때문이다.

그러니 아침에 눈을 떠 주변 환경이 가장 평온한 시간에 마음 감각을 조금씩 깨워준다면 하루 중 중요한 감정을 놓치는 실수는 하지 않을 것이다. 나를 지키는 명상, 불안으로부터 자유로워지는 중요한 방법을 이야기했으니 내일 아침부터 바로 시작해보면 어떨까?

당신의 소심함

 여느 때와 다름없이 새로운 달이 시작되었고, 나는 정신없이 새로운 회원님들을 맞이하고 이름 외우기에 바빴다. 그렇게 40분의 차담과 60분의 수업을 끝내고 문 앞에서 회원님들과 인사할 준비를 하고 있었다. 원래는 수업을 마친 뒤에 한 명씩 하이파이브를 하며 나가는데 그날은 아무도 나가지 않고 그저 문 앞에 서 있는 게 아닌가. 다들 할 말이 있냐고 물어보니 한 회원님이 "그냥… 가기가 싫어요."라고 대답했다. 첫 만남에 이런 적이 없어서 차담 조금 더하자고 말씀드리니 모두 기다렸다는 듯 책상에 둘러앉았다. 한 회원님이 정적을 깨고 이야기를 시작했다.

"오늘 첫 요가였는데 두 시간은 지난 줄 알았어요."

그 순간 '아! 내가 알차게 수업을 했구나! 뿌듯하네.' 이런 생각을 하며 호탕하게 웃고 넘겼다. 진지한 차담을 한번 시작하면 세 시간은 기본이다. 2리터짜리 생수 두 통, 그러니까 4리터는 뚝딱 마셔버린다. 밤 열한 시쯤 자리를 끝내고 아까 하려고 했던 하이파이브를 하며 인사를 하는데 그 회원님이 가장 마지막까지 쭈뼛쭈뼛하며 문을 나서질 않고 있었다. 무슨 할 말이 있나 생각하고 있는데 회원님이 내 손을 잡더니 이렇게 말했다.

"선생님, 아까 수업이 두 시간 같았다고 말한 건 지루하거나 힘들었다는 게 아니라 너무 좋았어서 그렇게 말씀드린 거예요. 혹시 오해하실까 봐…."

심장이 쿵하고 떨어지는 기분이었다. 나는 그 말을 전혀 신경 쓰지 않고 있었는데, 회원님은 차담을 하는 내내 혹시 그 말 때문에 내 기분이 상했을까 봐 걱정하고 있던 거다. 30초간은 아무말 없이 그 눈을 쳐다봤다.

"인생이 너무 힘들었겠다…."

나의 그 한마디에 갑자기 회원님 두 눈이 붉어지더니 맑은 눈망울에서 눈물이 한 움큼 쏟아졌다. 타인의 감정을 바라보고 혹여 자신의 말 한마디에 상처라도 났을까 확인하기 전까지 전전긍긍하는 그 마음을 누군가는 바보 같다고 할 수도 있겠지만, 그 마음은 참으로 애틋하고 순수한 마음이다. 그 마음을 가진 사람들은 알 수 있다. 그 삶이 얼마나 힘들고 아픈지를. 그걸 알기에 부디 그러지 않았으면 하는 마음이 크다. 나도 비슷한 고민으로 나 자신을 힘들게 했던 적이 있기에 별것 아닌 말일 수 있겠지만 이런 조언을 전했다.

"이제부터 남들이 어떻게 생각하든 '내가 뭔 상관이야?' 이렇게 생각하세요! 대개 90퍼센트의 사람들은 내가 무슨 말을 했는지, 어떤 옷을 입었는지 관심도 없어요. 오직 스스로에게만 관심이 있을 뿐이죠. 너무 많은 시선과 생각을 의식하지 마세요. 선한 마음에서 비롯된 행동이겠지만 나 자신을 너무나 힘들게 하는 습관이잖아요. '난 원래 그래.'라고 생각하시는 분들도 있을 테고 어쩔 수 없다고 단념하는 분들도 있겠지만 습관은 노력하면 얼마든지 고칠 수 있어요."

이 말을, 비슷한 고민을 하고 있을 당신에게도 전하고 싶다. 이제 타인의 눈치를 보느라, 배려하고 걱정하느라 정작 돌보지 못했던 나를 돌보고 배려해주는 건 어떨까? 나는 당신의 삶이 덜 힘들고 덜 무겁기를 늘 바란다.

인생의 단짝

 당신의 깊은 속마음까지 모두 털어놓고 말할 수 있는 인생의 단짝이 있는가? 슬프게도 매일 사람을 상대하고 이야기를 들어주는 나는 생각보다 친구가 없다. 많은 에너지를 일에 쓰다 보니 요가를 더 사랑할수록 인간관계는 더 좁아졌다.

 반면 같은 배에서 태어난 언니는 결혼식에 올 하객 수가 궁금할 정도로 넓은 인맥을 가지고 있다. 언젠가 언니의 생일날 방 앞에 문 높이만큼 쌓여 있는 선물들을 보며 문득 '나는 왜 단짝 친구라고 할 만한 사람이 많이 없을까?' 하는 회의감이 든 적도 있었다. 마치 나의 슬픔과 기쁨을 털어놓을 수 있는 사람의 수가 인생을 잘 사는 기준이 되어버린 것처럼 좌절감을 느꼈다. 내 좁은 인간관계의 원인을 찾기 시작했더니 생각보다 명확한 이유가 있었다.

첫 번째 이유는 바로 '체력'인데 초등학생 때부터 나는 운동 체력과 인간관계 체력은 분명 따로 있다고 믿을 정도로 사람 만나는 것에 대한 체력이 흔히 말해 '저질'이었다. 누군가와 만난 지 한 시간만 지나도 헤어질 타이밍을 찾고, 집에 돌아오자마자 방문을 닫고 다섯 시간은 혼자만의 시간으로 충전을 해야 다음 날을 살아갈 수 있을 정도였다.

두 번째는 '명상'이었다. 요가를 시작하면서부터 주변 인간관계에 많은 변화가 있었다. 사람에 대한 욕심과 집착이 많은 삶을 살다 결국 타인이 나의 결핍을 채워줄 수 없다는 것을 인지한 후로는 가는 사람 붙잡지 않고 오는 사람 막지 않는 삶을 살기 위해 노력했다. 그렇게 형성된 인간관계의 장단점은 극명했다. 선을 넘거나 서로의 삶에 대해 왈가왈부하는 일이 없으니 불편함 없이 잔잔히 오래 갈 수 있는 관계들이 많아졌다. 그저 먼발치서 '나는 당신을 응원해요.'라는 마음만 분명히 내비치고 있으니 얼마나 아름다운 관계인가?

단점이 있다면 조금 외롭다는 거다. 모든 사람과의 관계에서 약간의 선이 그어져 있으니 가끔은 그 선을 넘어보고 싶다는

아쉬움도 생긴다. 내가 만나는 사람들은 그들의 가족에게도 하지 못하는 얘기를 나에게 털어놓는 사이지만 정작 서로의 나이도 모르는 만남일 때가 있다. 참 아이러니하게도 가장 깊은 걸 나누는 사이지만 가장 기본적인 걸 모르는 사이인 것이다. 이런 관계 속에서 가끔 외로움을 느끼지만 또 그렇기에 아름다운 관계라는 것을 알기에 더욱이 소중하게 이어나가고 있다.

다시 돌아와 체력과 명상 이 두 가지의 이유로 인간관계가 점점 줄어드는 와중에 정말 완벽한 인생의 단짝을 만났다. 바로 '나'다. 조금 웃기지만 나는 하루에 한 번씩 거울과 대화를 한다. 그만큼 나를 사랑하게 되었다.

스스로를 사랑하는 게 힘든 이유는 바로 내가 나이기 때문이다. 무슨 말이냐면, 나의 아주 못나서 숨기고 싶은 모습까지 나는 다 알고 있기 때문에 그 나쁜 모습들에 포커스를 맞추고 있으면 스스로를 좋아하려야 좋아할 수가 없는 것이다.

그런데 한번 생각해보자. 아무리 착하고 선한 사람이어도 분명 단점은 있다. 나는 가끔 지나가는 사람의 향수 냄새가 마음에 들지 않으면 순간적으로 '왜 저런 향수를 뿌리고 다니지? 진짜 별로야!'라는 생각을 한다. 본능적으로 타인을 판단하는 내 모습에 실망하다가도 '나도 사람이고, 향수 냄새가 너무 심해서 싫은걸 어떡해!' 하며 무던히 넘겨버린다.

 나의 안 좋은 모습에 포커스를 맞추고 살 땐 '나는 왜 이렇게 남을 판단할까? 나는 왜 이렇게 예민할까? 왜 말로는 좋다고 했으면서 속으로는 싫어할까?'라며 마음속 모순된 순간들에 진절머리가 날 때가 있었다. 하지만 이젠 내가 나의 단짝이라는 것을 알기에 좋은 모습을 더 많이 보려고 노력한다.

 한 사람의 나쁜 모습을 보려면 끝도 없다. 반대로 좋은 모습 또한 찾아내면 끝도 없이 나온다. 그러니 당신도 당신의 가장 친하고 든든한 인생의 단짝이 되어주길 바란다. 당신의 좋은 모습을 계속 발견해주길 바란다. 안 그래도 살기 힘든 세상에서 내가 나에게까지 적이 되어 욕하고 미워할 필요는 없지 않은가? 내가 내 인생의 단짝이 되어주었을 때 인간관계가 넓든 좁든, 친한 사람이 많든 적든, 그런 건 중요하지 않게 된다.

 오롯이 존재하는 '나'라는 사람의 가치가 얼마나 소중한지 스스로에게 끝없이 얘기해주기에도 하루는 모자라고 삶은 유한하다. 당신의 끝없는 매력에 빠져보길 바란다. 나라는 인생의 단짝은 못난 순간마저 꽤 귀엽고 사랑스러운 사람이라는 것을 알게 될 테니까.

충분히 우울해하세요

한번은 우울이라는 감정이 너무 싫고 힘들다는 분을 만났다. 우울에 잠식되어 자주 스스로의 바닥을 마주한다고. 그래서 내가 물었다.

"제가 좋으시죠?"

"당연하죠. 그러니 왕복 세 시간 거리나 되는 선생님 수업을 들으러 왔죠."

"제가 왜 좋으신가요?"

"선생님은 제가 본 사람 중에 가장 단단하면서도 부드러운 '외유내강' 유형인 것 같아서요. 그러면서도 모두에게 공감하실 수 있는 큰 사람인 것 같아요. 외유내강이 제 꿈이거든요."

쏟아지는 칭찬에 나는 멋쩍은 웃음을 지으며 대답했다.

"제가 단단한 사람이 될 수 있었던 이유는 그만큼 부서져봤기 때문이에요. 모두에게 공감할 수 있는 이유는 그 아픔들을 다 겪어보았기 때문이고, 외유내강이 될 수 있었던 이유는 내유외강으로 살아봤기 때문이죠."

태어날 때부터 내면이 단단하고 공감을 잘하며 외유내강인 사람이면 참 좋을 것이다. 분명 그런 사람이 세상 어딘가에는 존재할 수도 있다. 하지만 태어났는데 나처럼 그렇지 못한 사람은 그렇게 되기 위해 경험하고 노력해보는 수밖에 없다. 경험만이 내가 얻고자 하는 것을 완벽하게 얻어낼 수 있는 도구라고 생각한다. 그러니 때때로 찾아오는 우울을 마냥 밀어내지 말고 충분히 우울해보는 건 어떨까? 그 경험이 한 달 후, 1년 후, 10년 후의 나의 성장에 아주 큰 자양분이 되어줄 것이다.

나는 요가 강사가 되기 전부터 다리가 유연한 편이었다. 두 다리를 앞으로 뻗어 발날 앞에서 깍지를 끼는 동작에 무리가 없었고, 다리를 옆으로 찢는 동작도 곧잘 했다. 덕분에 요가 지도자 자격증을 딸 때도 의기양양하게 '천직인가 봐!'라는 생각을 갖고 요가 수업에 뛰어들 수 있었다.

그런데 웬걸, 생각지도 못한 어려움을 직면하고 말았다. 회원님들 열에 아홉은 동작을 못 따라오는 게 아닌가…. 그렇다면 강사가 하는 방법을 알려줘야 하는데 처음부터 그 동작을 잘했던 사람이 그 동작들이 왜 안 되는지 알 턱이 있나. 첫 수업에서 한 회원님과 같이 쩔쩔매면서 이게 "왜 안 되시지…." 라는 말만 100번은 하다 온 기억이 있다. 그날은 정말 창피하고 어디든 숨고 싶어서 집으로 가는 버스에서 펑펑 울면서 퇴근했던 게 아직도 선하다.

그때 처음으로 뻣뻣한 사람이 되어보고 싶었다. 지금 지도자 과정을 하고 있는, 요가 강사를 꿈꾸는 분들이 동작이 안 돼서 너무 힘들고 본인에게 안 맞는 것 같다고 고민을 털어놓을때면 내 경험담을 들려드린다. 지금은 못 하는 게 답답하고 잘하는 사람들이 부럽겠지만 결국 회원님들에게 공감하며 더 섬세하게 알려줄 수 있는 건 동작을 못 해본 강사일지도 모른다고 말이다. 내가 못 해봤기 때문에, 힘들어봤기 때문에 그들의 힘듦을 이해할 수 있을 테니까. 얼마나 값진 일인가?

어찌 보면 삶은 요가 같고, 또 요가는 삶 그 자체 같기도 하다. 그러니 충분히 우울해보고 못해보고 부딪혀보고 실패해고 싸워보고 비교해보고 좌절해보고 아파보길 바란다. 그 모든 것들을 경험했을 때 몇 년 뒤의 '나'는 참으로 강하고도 부드러운 사람이 되어 있을 것이다.

그리고 진심으로 축하드린다! 지금 힘들다면 바로 앞에 더 강한 '나'가 기다리고 있다는 뜻이니까. 나는 여기에서 언제나 큰 응원을 보내고 있겠다.

슬픔은 나누면 0

 누군가의 나의 장점을 물어본다면 두말할 것 없이 공감을 잘한다고 대답할 것이다. 지나가는 들풀을 보면서도 외로움을 느끼니 이 세상 전체에 감정을 이입하며 살아가는 중이다. 그런 에너지 덕분일까? 나를 찾아오는 회원님들 역시 공감력이 상당하실 때가 많다.

 한번은 주말 수업 전 차담을 하고 있는데 6개월 정도 함께하고 있는 취업 준비생 회원님이 처음 보는 지친 낯빛으로 요가원에 들어왔다. 평소에는 룰루랄라 즐거움을 얼굴에 담고 있는 친구라 걱정이 돼서 무슨 일이 있냐 물어보니 바로 전날 경남 사천시까지 가서 면접을 보고 왔다고 했다. 워낙 오랜만에 1차

합격을 한 것이라 단단히 준비하고 그 먼 곳까지 기차를 타고 다녀와 눈 감았다 뜨니 요가 갈 시간이 되어 부랴부랴 왔다는데 퍽 마음이 짠했다.

대학교를 졸업하고 '이제 어떻게 하지?'라는 물음에 가득 찼던, 모르는 사람들 앞에서 나를 소개하고 예측하지 못한 질문에 긴장하며 면접을 준비했던 나의 모습이 떠올랐다. 그 친구에게 해주고 싶은 말은 너무 많지만 차마 알량한 경험담을 말하며 그 친구의 시간을 모두 공감하는 척하고 싶지 않았다. 그렇게 차담으로 많은 이야기를 나눈 후 수업을 시작했다.

토요일 수업은 80~90분 정도 수련을 하고 있어 고요한 시간 속에서 회원님들의 땀을 만날 수 있는데 역시나 그날따라 그 친구의 호흡에 마음이 갔다. 사바아사나(요가의 가장 마지막에 누워서 일종의 명상과 회복을 하는 동작)를 하기 직전 두 다리를 천장으로 뻗어내는 살람바 사르방가라는 동작을 하려는데 울컥 눈물이 났다. 그 회원님이 뻗은 두 발목의 뒷부분이 다 까져 있는 게 아닌가. 말하지 않아도 어떤 상처인지 알 수 있었다. 회원님은 앞코가 둥근 검은색 구두를 신고 그 먼 사천까지 또각또각 다녀왔을 것이다. 발목 뒤가 까지는지도 모르고 긴장된 마음으로 면접을 봤을 것이고, 돌아오는 길 그제야 상처가

따가워 계속해서 신경이 쓰였을 것이고, 기차가 도착해 다시 신발을 신을 때는 아픔이 배로 느껴졌을 것이다.

원하지 않는 부분까지 공감하는 것이 때로는 힘들기도 하지만 그럼에도 이미 전해진 그녀의 노력을 더 이상 모른척할 수가 없었다. 사바아사나가 끝나고 수련장에서 나와 회원님에게 말을 꺼냈다.

"참 수고했어요."

막상 덤덤한 그녀를 바라보고 발목 이야기를 꺼내며 꼰대 같은 오지랖도 부렸다.

"면접 볼 때 구두는 챙겨 가서 앞에서 갈아 신어요. 스타킹도 도착해서 화장실에서 갈아 신고요! 반창고 두 장 정도는 꼭 들고 다니면 좋아요."

내 말을 듣고는 아무 말 못 하는 회원님과 그 옆에서 대견하다는 듯 그녀를 바라보며 눈물을 흘리는 또 다른 회원님까지. 어쩌면 개인의 기억이자 모두의 이야기다. 개인의 힘듦이자 모두의 아픔이고, 개인의 외로움이자 모두의 고독함이다. 나만 그런 것이 아니라는 사실이 참 위로가 되는 순간이다.

기쁨은 나누면 배가 되고, 힘듦은 나누면 0이 된다. 힘듦을 나누면 그 사람에게 전염되어 두 배가 되는 것이 아니라 한 마음으로 합쳐져 없어지는 것이다. 너의 슬픔과 나의 슬픔은 각자의 것이 아니라 실은 하나인 것이다. 그 사실을 알았을 때 더할 나위 없는 위로를 얻고 서로를 응원하며 또다시 살아갈 힘이 생긴다.

요즘 세상이 각박해진 것은 개인주의, 이기주의 때문이 아니라 사실은 세상 밖으로 괴로움들이 나오지 않아서일 수도 있다. SNS에 드러나는 행복과 낭만으로만 가득 찬 사람들의 표정에 익숙해지다 보니 행복하지 않는 순간은 점점 삶의 뒤로 감춰지고 있다. 그러다 보니 마음을 여는 것이 각박해지는 것이다. 이 시대의 사람들에게 필요한 것은 행복을 취하는 것보단 힘듦과 슬픔을 말하는 것일 수도 있겠다.

나만의 영역

　요가를 사랑하는 이유는 수만 가지이지만 그중 가장 좋아하는 이유를 하나 뽑자면 바로 나만의 영역이 생긴다는 것이다. 매트를 펴고 그 자리에 앉는 순간 1평도 안 되는 그 공간은 누구도 함부로 들어올 수 없는 나만의 공간이 된다. 그곳에서 편히 앉아 두 손을 무릎에 올리고 눈을 감는 순간 나의 내면에 집중한다. 온통 외부로 향해 있던 안테나의 방향을 모두 내면으로 돌려 내 안의 소리에 집중하게 되는 그 순간이 요가의 가장 큰 매력이다.

　나에게는 어렸을 때부터 오직 나만 알고 있는 장소에 대한 집착이 있었다. 초등학생 때는 점심시간마다 정말 작았던 개

구멍을 이용해 뒷동산이었던 남산에 올라가는 길에 있던 작은 의자에 앉아 한 시간을 보냈고, 왕따로 힘들었던 중학교 시절엔 학교 뒤편 버려진 계단에 앉아 시간을 보냈다. 그곳에 혼자 있는 순간만큼은 오직 나만의 이야기가 펼쳐지는 기분이었다. 지금 생각해보니 어쩌면 사람들과의 교류를 직접 차단했던 것일 수도 있겠다. 하지만 덕분에 '나만의 영역'에 대한 소중함을 아는 사람이 되었으니 그걸로 충분하다.

요가 수업을 하면서 가장 중요하게 생각하는 것은 바로 매트 위에 나 자신에게 얼마나 집중하고 있느냐인데, 사실 그 하나를 위해 모든 말들을 내뱉는다고 해도 과언이 아니다. 나는 진심으로 사람이 사람으로부터 강해지길 원한다. 같은 존재이기에 더 상처 받고 더 상처 준다고 생각한다. 우리는 고양이나 강아지를 보며 상처 받지 않는다. 하다못해 원숭이가 다분한 의도를 가지고 우리에게 침을 뱉는 영상을 보면서도 괘씸하다는 생각에서 그치지 정말 화나고 분해서 복수하고 싶다는 생각은 하지 않는다.

그런데 사람에게는 어떤가? 누군가 나에게 침을 뱉는 순간 주먹이든 욕이든 날아가게 된다. 나 자신이 인간이기에 인간에게는 한없이 흔들려버린다. 어렸을 때부터 그 누구도 인간에게

강해지는 법을 알려주는 이는 없었으니 어떻게 하면 타인이 하는 말에 상처 받지 않고 흔들리지 않고 나로 살아갈 수 있는지 모를 수밖에.

이미 확고해져버린 신념과 고집들에 둘러싸여 있기 때문에 그 누구도 당신의 내면으로 들어가 가르쳐줄 수 없다. 그걸 바로 나만의 공간에서 스스로 배워야 한다. 내가 나를 바라보고 돌보고 느끼고 위로해주고 알아주는 그 모든 과정에 타인이 개입되지 않기 위해선 타인이 들어올 수 없는 공간으로 가야 하는데, 내 집에서도 마냥 마음이 편하지 않고 방에서도 밖에 가족이 있으면 온전한 휴식이 사실상 어렵다.

그런데 그 어려운 것을 모르는 사람들이 둘러싸인 매트 위에서 그 어느 때보다 온전하게 가질 수 있다는 게 신기하지 않은가? 그게 바로 요가와 명상의 힘이다. 굳이 요가나 명상이 아니더라도 나만의 공간을 만들어보길 바란다. 그리고 온전히 나 자신에게 집중해보자. 내가 이곳에 그대로 고스란히 존재함을 느낄 때 그 누구도 흔들 수 없는 강인함을 만날 수 있을 것이다.

감각의 오류

 요가를 하기 전엔 예민함으로 대회가 열렸다면 아마 내가 상위권에 들었을 거라고 생각할 정도로 날이 곤두서 있을 때가 많았다. 청각도 시각도 후각도, 모든 감각이 너무 열려 있으니 머리가 쉴 틈이 없어 힘들었다. 식당에 가면 주변 모든 테이블의 말소리가 다 들리고 심지어 머릿속으로 '그 사람이 잘못했네.', '오, 좋은 정보네!' 하며 모든 걸 판단하다 보니 밥이 입으로 들어가는지 코로 들어가는지도 모르고 결국 체한 상태로 집에 들어올 때도 많았다.
 그런데 명상을 시작하면서부터 감각에 대한 생각이 조금 바뀌었다. 내가 주로 하는 명상은 '위빠사나'인데 간단하게 말하면 소리가 나면 소리가 나는구나, 생각이 떠오르면 생각이 떠오르는구나 하고 모든 생각이나 상황을 '비판단적'으로 받아들이고 그저 흘러 지나가게 내버려두는 명상이다.

명상을 하다 보니 내 청각, 시각, 후각 같은 감각들이 너무 열려 있어서 예민하게 받아들이는 것이 아니라, 오히려 너무 닫혀 있어서 예민하게 받아들이는 것 아닐까 하는 의문이 생기기 시작했다. 처음엔 감각들을 그저 보내는 일이 말처럼 쉬운 일만은 아니었지만, 하나둘씩 떠오르는 생각과 감각들을 흘려보내는 것에 집중했다. 그리고 외부로부터 감각되는 것들이 다시 나를 꽉 막아버리고 있다는 걸 알게 되었다. 처음엔 청각이 너무 열려 있어서 모든 소리가 들려왔겠지만 결국 그 소리로 인해 생각과 감정과 판단이 쌓이면서 정말로 들어야 하는 것들을 못 듣게 귀가 막혀버린 것이다.

예를 들어 요가원에서 명상을 하다가 자동차 경적 소리를 처음 들었을 땐 놀라기만 했었다. 그런데 그 소리들이 쌓이다 보니 가끔은 명상하다 경적 소리가 나면 굳이 이 좁은 골목에서 경적 소리를 내야 했나 하고 짜증이 올라오는 것처럼 말이다. 늘 나를 풀썩 주저앉아 방황하게 하는 감각인 시각도 마찬가지였다. 처음엔 너무 많은 것들을 보고 느낀다고 생각했는데 결국 그것들이 쌓여 올바른 판단을 막고 있었다. 쌓인 감각들은 이렇게 판단의 오류를 일으킨다.

그러니 감각이 예민하다는 건 다른 말로 하면 감각이 오류가 난 상태라고도 할 수 있겠다. 그래서 요즘엔 어떤 상황에서 예민함을 느끼면 그냥 '감각이 오류가 나버렸네.'라고 생각하곤 넘겨버리려고 한다. '저건 그저 자동차 경적 소리일 뿐이야.' 하고 사실을 있는 그대로를 받아들일 줄 알아야 감각이 쌓이지 않고 그때그때 처리될 수 있을 테니까.

지금 스스로의 예민함에 갇혀 있다면 감각이 너무 열린 게 아니라 너무 닫혔다고 생각해보자. 닫히고 막혀버린 감각들을 하나씩 걷어냈을 때 다시금 새롭게 세상을 바라볼 수 있을 것이다. 원했든 원하지 않았든 우리는 너무 많은 자극 속에 살고 있기에, 스스로 정화하지 못한다면 결국 자극적이고도 무분별한 감각 더미 속에 묻혀버릴지도 모른다. 너무 열려 있어 오히려 닫혀버린 그 감각을 다시 열어젖히고, 매일의 새로움을 그저 받아들이는 연습을 해보자. 그러다 보면 어느새 몸과 마음이 모두 차분히 정화되어 있을지도 모르니까.

이젠 용서했어요

 명상을 하다 보면 '무아無我', 즉 나는 어디에도 없으며 실재하지 않는다는 걸 인정해야 하는 순간을 마주하게 된다. 그런데 무아를 인정하기 위해선 내가 소유한 것들을 비워내는 '무소유'가 참 중요하다. 그것은 물질을 말할 수도 있지만 집착하고 있는 감정도 포함된다. 좋아하는 감정, 미워하는 감정, 증오하는 감정을 비워내는 것도 무소유의 일부라고 할 수 있다. 불안함, 두려움, 행복, 기쁨처럼 현재 느끼는 모든 감정도 영원하지 않음을 인정하고, 슬픔이 끝나길 욕심내지 않고, 기쁨에 집착하지 않아야 현재에 집중하며 충실할 수 있는 삶을 살 수 있게 된다.

무아도 무소유도 생각보다 어렵지 않은 것 같다며 의기양양하게 지내던 중 법륜스님의 책에서 "용서받을 사람도 용서할 사람도 남아 있지 않은 상태이다."라는 글귀를 읽었다. 속으로 그동안 누군가와 싸우고 못나게 굴었던 순간을 떠올리며 '부디 나의 말과 행동으로 상처 받은 이들에게 용서를 구한다. 행복하길 원한다.' 머리로 입으로 수없이 되새긴 뒤 이젠 나에게 상처를 주었던 사람들을 용서하려고 하는 찰나, 딱 한 사람이 걸려서 그 말이 입 밖으로 나오지를 않았다.

그 사람은 바로 고등학교 시절 학생회장이었던 선배다. 그 당시 학생회 친구들과 다 같이 신입생 환영 겸 친목을 다지자는 의미로 학교 몰래 MT를 간 적이 있었다. 양평의 한 펜션에 도착하니 선배들이 뒤따라 양손 가득 고기와 술을 들고 들어왔다. 그 당시만 해도 신분증을 적극적으로 확인하던 때가 아니었다. 태어나서 술을 마셔본 적이 한 번도 없던 나는 그날 처음으로 술을 마셨다. 그리고 나는 내가 술을 한 방울도 못 마시는 사람이라는 사실을 그때 알게 되었다. 한 잔을 들이켜고 10분이 채 되지 않아 온몸에 두드러기처럼 빨갛게 올라오더니 숨 쉬는 게 조금 힘들어지기까지 했다.

모두에게 양해를 구하고 쉬기 위해 방으로 들어왔다. 그렇게 한참 잠을 자고 있었는데 갑자기 누군가 들어오는 소리가 나더니 옆으로 누워 자고 있던 내 뒤에 숨소리가 느껴질 만큼 가까이 누웠다. 신기할 만큼 조용히 자리를 잡길래 '내가 누워 있으니 깨우지 않으려는 배려구나!'라는 생각으로 고마워하던 찰나 커다란 손이 아주 조심스럽게 내 팔 안쪽을 타고 가슴을 만지기 시작했다. 영화나 드라마에서처럼 소리를 지르거나 도움을 요청하는 것은 생각도 못 할 만큼 무서움과 두려움으로 온몸이 굳어버렸다. 그 손이 가슴을 타고 다리로 가려는 순간 몸을 움직여야겠다는 생각도 들기 전에 본능적으로 몸을 뒤척였다. 그 순간 숨을 참고 멀찍이 구석으로 도망간 내가 잠에서 깼는지 지켜보던 그 선배의 숨소리가 아직도 선명히 기억난다.

  인생 최악의 순간이었지만 그때만 해도 선배가 조용히 문을 닫고 나간 후에 상처가 될 일들이 더 남아 있다는 걸 몰랐다. 내 이야기를 들은 학생회의 몇몇 친구들은 몰래 온 MT니까 조용히 넘기자고 말했고, 비밀을 지켜준다던 보건 선생님은 상담 내용을 학교에 알렸다. 그 이후 그 선배의 일방적인 사과 문자와 전화, 징계 회의에서 학부모님들이 나누었던 대화들. 평소 나의 행실이 어땠는지, 학교 성적은 어떤지, 나에 대한 선생님들의 평판은 어떤지 그 모든 대화가 담긴 두꺼운 징계 결과

보고서와 제대로 받지 못한 사과로 아물지 못한 채 덮기 바빴던 상처들.

아직도 궁금하다. 내가 전교 1등이 아니었다면, 공부를 못했다면, 행실이 나빴다면, 결과는 달랐을까? 그 이후로도 꽤 시간이 흘렀기에 나는 내가 다 용서하고 괜찮아진 줄 알았는데, 글을 쓰다 보니 아직 그 상처가 아물지 않았음을 알게 되었다. 사실 이 글은 쓸까 말까를 고민하다 열 번은 넘게 쓰고 지우기를 반복했다. 어쩔 땐 눈물이 나고 어쩔 땐 손이 떨리고 어쩔 땐 아직도 지우지 못한 그 선배의 전화번호로 전화를 걸어 욕을 퍼붓고 싶다가도 한참 지나고 나니 또 그가 행복하길 바라고….

책을 쓰며 곰곰이 생각해보았다. '과연 내가 원하는 건 뭘까? 이제 와 어떻게 해야 상처가 아물 수 있을까?' 당시 그 선배는 내게 사과하기 위해 여러 번 연락을 시도했지만 나는 매일 밤 악몽에 시달리던 때라 선배의 목소리를 듣는 것조차 싫어서 계속 피하기만 했었다. 그렇게 3주를 쉬고 등교하니 그 선배는 취업에 성공해 학교에 나오지 않는 상황이었다. 그런 일이 있었다는 걸 아무도 몰랐으면 좋겠다는 게 나의 유일한 부탁이었기에 아무도 그 일을 알지 못하는 상황이었다. 그런 와중에 갑자기 학생회를 그만두게 되니 내가 학생회에서 사고 쳐서 쫓겨났다는 소문이 돌기도 했다. MT 때의 일뿐만 아니라 상처받은 일들이 수두룩한데 수기로 작성된 사과문 하나로 종결된 사건을 돌이켜 보니 내가 한 번도 그 선배의 얼굴을 보고 사과받지 못했다는 걸 깨달았다.

  나는 이제야 사과받을 준비가 되었는데 정작 사과할 사람이 없었다. 그래서 상처가 아물지 못하고 마음 깊숙이 남아 있던 거다. 사과를 받기 위해선 먼저 연락을 하거나 죽기 전까지 연락을 기다리거나 방법은 둘 중 하나인데 어느 것 하나 쉽지 않다는 결론과 함께 정말 우습게도 마음이 편해졌다. 결국 내가 할 수 있는 방법이 없다는 것을 깨닫게 되니 괜히 마음을 써서 노력할 필요가 없다는 결론이 났다.

  수 년 전에 종결된 사건이지만 나는 이제야 사과받을 준비를 마쳤다. 열여덟 살의 상처 치유가 이제 시작된 것이다. 나는 내가 이 상처로부터 벗어나 정말로 행복해지면 좋겠다. 진정으로 평안하고 진심으로 자유로워졌으면 좋겠다. 그러니 최선을 다해 용서해보려고 한다. 만약 이 글을 읽는 당신도 어떤 사건으로 인해 마음이 힘들다면, 당신이 평안해지고 행복해지길, 당신이 번뇌와 고통으로부터 자유로워지길 진심으로 소망한다. 증오하는 마음보단 용서하는 마음이 나를 위한 길임을 잊지 않길 바란다.

보이지 않는 것들

 나는 남산 아래 작은 마을 후암동과 해방촌이라는 곳에서 나고 자랐다. 아빠가 졸업한 초등학교와 엄마의 은사님이 계시는 중학교를 다녔고, 요가를 시작한 뒤에는 작업실까지 이곳으로 구하게 되었다. 이 동네만이 주는 아늑함과 따뜻함이 존재하기에 수업을 들으러 오는 분들도 분명 느낄 수 있을 거라고 믿었고, 역시나 많은 분이 동네의 매력에 빠져 오래 함께해주고 계신다.

 가끔 우울하거나 마음이 슬픈 시기가 오면 무작정 남산둘레길을 밟으러 나가는데, 그때마다 자연은 사계절 내내 다른 옷을 입고는 찾아오는 걸음을 얼마나 반겨주는지 매일 다른 길

을 걸고 있는 듯한 느낌을 받는다. 운전을 못 하지만 드라이브는 좋아하는 이상한 취미 덕분에 운전을 할 수 있는 주변의 누군가를 꼬시는 능력만 나날이 늘었고 말이다.

10월의 어느 날 아빠와 함께 드라이브를 하다 창문 밖으로 손을 뻗었는데 저녁 날씨가 꽤 쌀쌀해진 게 느껴졌다. 몇 분 지나지 않아 손끝이 아리기 시작했다. 울적한 날들을 보내다 바람을 쐬며 느낀 가을 내음에 센티해진 감정을 핑계 삼아 가족들에겐 평소엔 보이지 않았던 우울의 한 조각을 내비치며 말했다.

"아빠! 바람은 보이지도 않는데 왜 손끝이 왜 이렇게 아릴까? 생각해보면 보이지 않는 것들은 무작정 힘이 세. 여태까지 나를 아프게 했던 것들은 아직도 형태가 없어. 누굴 미워해야 하는지, 원망해야 하는지 가끔은 너무 답답해. 밤늦게 돌아다니며 달리는 자동차를 걱정할 게 아니라 알게 모르게 잠식되고 있는 사랑이나 나도 모르게 쌓여가는 증오 같은 것들을 더 조심해야 한다니까…. 사람들은 왜 그걸 모를까?"

감성적인 말이나 생각과는 거리가 먼 아빠로선 아마 하나도 이해가 되지 않는 말투성이였을 텐데, 잠깐의 고요 끝에 아빠는 이렇게 대답했다.

"현아, 아빠는 너만 알면 돼. 그러니 보이지 않는 것들에 너무 아파하지 마."

생각지도 못한 말에 눈물이 흘렀다. 늘 내가 느끼는 외로움과 허무함에 대한 감정을 누군가에게 보여줄 수 없다는 슬픔이 있었는데 그 순간만큼은 '너의 그 마음이 얼마나 무겁고 아프든지 아빠가 함께할 거야!'라는 뜻으로 들렸다. 결국 보이지 않는 마음의 위로를 받은 것이다.

인간은 참 나약하다. 보이지 않는 것에 세상이 무너질 듯 좌절하고 아파하지만, 또 보이지 않는 것에 위로를 얻고 또 다음 날을 살아갈 힘을 얻곤 한다. 그러니 힘들더라도 조금 지치더라도 누군가와 함께할 마음 한편의 자리, 또 누군가에게 나눌 한 움큼의 따뜻함은 꼭 남겨두길 바란다. 언제 어디서 누군가와 나누게 될지 모르니까.

나는 나를
믿는 사람이 되기로 했다

 최근 TV를 보다가 한 심리상담사가 어렸을 때부터 가족과의 유대관계가 깊고 아빠와의 친밀도가 높은 딸일수록 연애를 늦게 한다는 결과가 있다고 이야기했다. 그걸 보며 여전히 이 세상 남자 중에 아빠가 제일 멋있다고 생각하는 나의 연애 이데올로기가 단번에 이해가 갔다. 나는 스무 살이 넘어서야 제대로 된 연애를 해보았는데 그것도 1년이 겨우 넘어갈 시점 이별을 한 뒤 4년을 넘도록 연애를 못 했었다. 주변에서는 얼굴도 꽤 예쁘장한 네가 왜 연애를 못 하고 있냐며 친구를 소개해주거나 여러 자리를 마련해주었는데, 매번 서로에 대한 질문이 아닌 삶이란 무엇인가 같은 진지한 이야기만 하다가 자리를 마무리했다.

20대 중반이 넘어가니 이젠 좀 연애를 해봐야겠다 싶어도 연애를 어떻게 하는 거였는지 가물가물하고 뭐부터 시작해야 될지 당최 감이 안 왔다. 그렇게 20대 중반 자기연민에 빠지게 된 계기가 바로 '나는 왜 연애를 못하는가?'라는 질문 때문이었다.

명상을 하며 삶을 거슬러 올라가 남자에 대한 부정적인 감정을 느낀 첫 순간으로 돌아가보니 대여섯 살쯤 다니던 어린이집에서 멈추었다. 친구들은 놀고 있었고 나는 졸려서 방에 들어가 자고 있었는데, 한두 살 많은 남자 아이들 세 명이 들어와 내 엉덩이와 다리를 주무르던 장면이 기억났다. 잠결에도 싫다는 느낌은 들었는지 울기 시작하니까 선생님이 들어오셨고 그 친구들을 혼내셨다. 그땐 그 행동들이 무슨 의미인지도 모르는 나이였기에 선생님에게 그 아이들이 내 몸을 만졌다고 이야기를 하거나 집에 가서 부모님께도 칭얼거리지 않았었다.

다음으로 초등학교 저학년 시절의 일도 떠올랐다. 나는 같은 동네에서 오래 살았는데, 이웃이었던 할아버지께서 내가 학원 가는 시간이나 언니와 친구 집에 갈 때가 되면 집 앞에 앉아계시다가 꼭 뒤따라오시면서 한번 안아보자며 나를 들어올리시거나, 바지 안에 손을 넣어 엉덩이를 두드리셨다. 그때까지만 해도 그 행동들이 성추행이라는 사실을 인지하지 못했고, 그저 어린아이를 칭찬해주시는 거라고 생각했던 것 같다. 지금 돌아와 언니와 옛날이야기를 할 때 '그 노망난 할아버지' 하면서 안줏거리로 삼지만, 내심 남자에 대한 부정적인 인식이 쌓이고 있었던 것이다.

그러다 고등학교 학생회 사건이 터졌다. 무려 학생회장이라는 사람이 MT에 가서 그런 몹쓸 짓을 하고 사라지다니 세상에 믿을 남자는 없다고 그날 이후 뇌에 그렇게 인식이 박혀버렸다.

여기서 끝이면 참 좋겠지만 스무 살이 넘어 대학교에 가서도 그런 사람은 늘 한 명씩 존재했다. 음악동아리 회장이었던 선배와 신촌에서 가볍게 술 한잔을 하고 두 시간 동안 버스킹을 보면서 음악 예찬을 했다. 그러고는 한참을 걸어 버스를 타려고 하는데 집까지 데려다주겠다는 게 아닌가. 하지만 알다시피 나는 남자에 대한 트라우마로 가득했기에 아직 호감 정도만 있는 선배에게 집을 알려주고 싶지 않았다. 내가 괜찮다고 몇 번을 말하는데도 그 선배는 결국 버스에 따라 탔고, 장르가 로맨스에서 스릴러로 바뀌는 건 한순간이었다. 필사적으로 집과 조금 먼 버스정류장에 내려서 여기서부턴 택시를 타고 가겠다고 했는데 갑자기 그 선배가 내 손목을 잡으면서 조금만 더 놀다가 가자고 했다. 한참 실랑이를 하다 지나가는 택시를 보고 도로 한복판으로 뛰어가서 택시 손잡이를 잡고 문을 열었는데 그 선배가 다시 손목을 잡고는 놔주질 않았다. 놔달라고 사정을 하는 나를 보던 택시 기사님이 도와줄 줄 알았는데 그 상황을 보며 하는 말이 "탈 거예요, 말 거예요?"였다. 그 순간 허탈함에 몸에 힘이 쭉 빠졌지만, 있는 힘 없는 힘을 쥐어짜내서 손을 뿌리치고 택시에 타 문을 닫았다.

무서움을 넘어선 감정이 있을 수도 있다는 걸 그때 처음 알았다. 눈물도 안 나오고 기사님의 존재마저 긴장하게 만드는 시간을 지나 집에 도착했다. 현관문을 열고 엄마의 얼굴을 보자마자 다리에 힘이 확 풀리면서 눈물이 나기 시작했다. 엄마에게 자초지종을 설명하니 술 마신 남자는 힘으로 절대 못 이긴다면서 다음부턴 정말 친한 사람이 아니면 절대 남자와 단둘이 술 마시지 말라고 하셨고, 그렇게 사건이 일단락되는 듯했지만, 그 선배와 같은 학교에 다니고 있다는 사실이 이후에도 나를 괴롭혔다.

다음날 그 선배를 만나면 어떤 말을 할지 학교에 가는 한 시간이 넘는 시간 동안 시뮬레이션도 돌려보았지만, 학교에서 그 선배를 딱 마주친 순간 정말 아무 말도 하지 못했다. 더 화가 나는 건 무슨 일이 있었냐는 듯한 그 선배의 행동이었다. 모든 남자가 다 그럴 거라고 일반화하게 만드는 그의 행동이 이성 간의 관계에 대한 믿음을 완벽하게 잘라내는 종지부였다.

꽤 많은 시간을 '내가 문제가 있는 건가? 내가 너무 헤프게 굴었나?' 고민했지만 이젠 그것들이 너무 쓸데없는 생각이었다는 것을 안다. 그렇지만 이런 일련의 사건들은 여전히 내 무의식 속에 어떤 감정과 함께 자리 잡고 있다. 내 안의 깊은 곳에 숨어 있어 나도 잊고 있던 기억들을 끄집어내는 것은 참 힘든 일이다.

하지만 그만큼 값진 일이기도 하다. 그 과정을 통해 새로운 것들을 알게 되고, 잘못된 내 생각과 가치관을 바꾸게 되기도 하니까. 그래서 나는 내 안에 숨은 그것들을 차근차근 풀어가는 과정을 내 삶이 끝날 때까지 계속해보기로 다짐했다.

> 이제 나는 나를 탓하는 사람이 아니라, 나를 믿는 사람이 되기로 했다.

상처를 준 사람은 없는데

요가원에서 수업을 진행하며 요가복 브랜드인 '맑음복'까지 운영하느라 바쁜 시기를 보냈다. 맑음복의 제품 사진, 홈페이지 관리, 고객 응대와 택배 작업까지 모두 혼자 하면서 요가 수업까지 하다 보니 점점 벅차게 느껴졌다. 그러다 갑작스럽게 번아웃이 찾아왔고 이대로는 안되겠다는 생각에 나는 모든 일정을 정리하고 한 달간 제주로 떠났다. 남들은 물 들어올 때 노를 저어야 한다며 말렸지만, 왠지 지금 가지 않으면 한 달만 쉬는 게 아니라 완전히 이 일을 포기해버릴 수도 있겠다는 생각이 들어 과감하게 제주행을 결심했다.

하루는 대학생 때 아르바이트를 했던 카페 사장님이 제주로 이사하셨다는 소식을 듣고 오랜만에 사장님을 뵙기 위해 찾아갔다. 그렇게 제주에서 사장님 부부와 지인분까지 함께 만나게 되었다. 그날 처음 뵙게 된 지인분께 어떤 일을 하는지 여쭤보니 외국의 유명한 디자인학교를 나와 현재 디자인 직종에서 일한다고 하셨다. 내가 운영하는 맑음복은 당시엔 지금보다 더 소소한 쇼핑몰이었지만 나도 비슷한 일을 하고 있다고 말하며 친해지게 되었다.

지인분은 쇼핑몰을 시작하고 싶은데 한국에선 엄두가 안 난다고 했다. 내가 답을 하려는 순간 옆에서 사장님이 "영현이한테 조언 좀 구해봐."라고 하셨다. 사실 나도 어쩌다 보니 시작하게 된 일이고 또 어쩌다 보니 여기까지 온 것이라 내가 어떤 말을 해드릴 수 있는지 생각하고 있었는데 사장님 와이프분이 이렇게 말씀하셨다.

"에이, 얘는 외국의 유명한 디자인학과까지 나왔는데 급이 다르지!"

그때 당시엔 맞장구를 치며 "그쵸. 감히 제가 어떻게 조언을!"이라고 대답했지만 식사 자리가 끝나고 숙소로 가는 길에 그 말이 자꾸 머릿속에 맴돌았다.

급이라는 건 뭘까? 숙소로 돌아와 사회가 정한 급의 기준에 대해 쭉 나열해보았다. 학벌, 사는 곳, 버는 돈, 부모님의 재산과 지위, 명품 등등…. 어쩜 하나같이 자본주의가 짜놓은 판에서 벗어나지를 않는지. 이렇게 적은 나 자신이 너무 미워졌다. 무의식 속에 스스로 생각하는 급도 자본주의 안에 있었구나 싶어서. 그래서 타인을 정의할 수 있는 나만의 '급'을 다시 정해보았다.

1. 삶을 대하는 태도
2. 삶을 살아가게 하는 가치관
3. 사람 간에 지켜야 하는 예의의 정도
4. 정의와 선의에 대한 용기
5. 이타적인 삶과 이기적인 삶에 대한 생각
6. 나와 다른 타인의 가치관을 인정하는 마음
7. 고집과 소신을 분리할 수 있는 지혜

삶을 살아가는 데 위의 일곱 가지 정의에 대한 소신 있는 답을 찾았다면 SSS급이지 않을까 싶었다. 이렇게 나만의 급을 나열하고 나니 마음이 한결 편해졌다. 하지만 그다음 숙제가 남아 있었는데, 바로 의도치 않게 상처 받은 마음이었다. 타인에게 상처를 받았을 때 하는 나만의 방법이 있는데, 감정과 타인의 의도를 아주 섬세하고 세세하게 분리해보는 것이다.

>상처 받은 사람: 나
>상처를 준 사람: 그녀
>상처가 된 말: "○○이랑 영현이는 급이 다르지!"

우선 상황을 분석한 다음 말의 의도를 분리해보는 것인데 이것이 가장 중요하다. 나는 MBTI 검사를 하면 N과 F가 90퍼센트 이상 나오는, 말 한마디로도 만리장성을 쌓는 사람이기에 타인의 의도를 객관적으로 바라보는 힘이 아주 부족하다. 그래서 이 작업이 가장 어렵고 화도 많이 난다.

하지만 여기서 관건은 '객관적'인 판단이다. 모든 감정을 배제하고 이 사람이 나에게 그 말을 한 의도를 파악하는 것이다. 급이 다르단 말의 의도는 나를 무시한 게 아니라 그 사람을 높여주고 싶었던 마음이었을 테고, 그러니 사실 상대방은 상처 줄 의도가 전혀 없었던 것이다.

이제 분리시키기는 여기서 끝내야 한다. 아주 간단한 답이 나왔기 때문이다. 돌 던진 사람은 없는데 굳이 직접 뛰어가서 가만히 있는 돌에 머리를 박을 필요는 없지 않겠는가? 어렸을 때부터 아빠가 나에게 해주신 말이 있다.

"상대방이 아무리 화살을 쏘아도 그걸 잡아다 가슴에 꽂는 건 네 자유야."

그렇다. 대부분 화살을 쏘는 사람은 나를 향해 쏠 마음이 없을 것이다. 그러니 굳이 굳이 화살 앞에 서 있지 말자. 혹시나 잊히지 않는 말이 아직 가슴 깊숙하게 박혀 있다면 이제 뽑아버리자. 슬프고 분하지만 화살을 쏜 사람은 기억도 못하고 있을 수도 있다. 모두가 처음 살아보는 인생이니 마음 넓은 당신이 이해해주는 거다. 부디 상처가 된 말과 행동으로부터 당신이 자유로워지길 진심으로 소망한다.

"누가 너무 미우면
그냥 사랑해버려요."

사람은 누구나 자신만의 '에고'를 가지고 있다. 에고는 한 사람의 과거의 경험으로부터 만들어지는 것이기 때문에 바꾸기엔 결코 쉽지가 않다. 또한 에고는 삶을 살아가는 데 있어서 많은 방해와 편견을 만들어내기도 한다. 많은 사람이 명상에 관심을 가지고 꾸준히 하는 이유 또한 그러한 편견 가득한 자아를 조금이나마 제어를 하기 위함일 것이다.

나도 요가원을 차리고 몇 달이 되지 않아 나의 숨기고 싶은 에고를 마주하게 되었다. 내가 첫인상만 가지고 제멋대로 사람을 판단하고 재단해버리는 사람임을 알게 된 것이다. 한 수업에 열 명, 그렇게 일주일에 열 개가 넘는 수업을 하니 중복 수업을 들으시는 분들을 감안해도 매달 60~80명을 마주하는데, 나도 모르는 사이에 차곡차곡 사람에 대한 편견이 쌓이고 있었다. 회원님들의 첫인상, 처음 건넨 인사말, 차담할 때의 행동, 요가할 때의 태도 등을 살피면서 예전에 나를 불편하게 했던 행동을 하는 사람을 보면 내면에서 자동적으로 나랑 안 맞는 사람이라고 재단해버리곤 했다. 그러니 다음 수업 때 그 회원님을 만나는 게 불편하고 수업 시간만 되면 마음이 편치 않았다.

이런 마음이 하루이틀이면 상관이 없는데 요가 강사를 직업으로 삼고 매일 의도하지 않은 판단과 불편을 마주하다 보니 힘들었다. 사람이 어떻게 모든 사람을 좋아하고 이해할 수 있겠냐며 스스로를 위로해봐도 아주 못된 변명이라는 것을 스스로는 알고 있으니 쉽지 않았다.

그래서 그날 이후로 나의 에고를 없애는 시간을 갖게 되었다. 나의 판단과 결정들을 돌아보면서 왜 그런 판단을 내렸으며 그것들이 마음속 어디서부터 오는 생각들인지를 생각하고 불편한 감정들을 점점 마주하다 보니 웬걸, 내가 싫어하는 행동을 하고 있는 또 다른 내가 있었다. 나는 다른 사람들의 행동이 싫었던 게 아니라, 예전에 그 행동들을 했던 나와 그로 인해

민망했거나 안 좋은 일들을 당했던 순간들이 떠올라 싫었던 것이었다.

차담을 할 때 유독 이야기를 많이 하시는 회원님이 계셨는데, 매번 차담을 할 때마다 그러니 시간이 지날수록 불편할 수밖에 없었다. 그런데 사실은 그 회원님이 말을 많이 해서 싫었던 게 아니라 예전에 어떤 무리에서 내 이야기만 많이 하다가 눈치가 없다며 욕을 들었던 그때의 내가 그 회원님에게 투영되어 보였던 것이다. 다른 불편한 상황들도 마찬가지였다.

그렇게 상황과 사람을 분리해서 바라보기 시작하니 한 명 한 명의 '사람'들이 보이기 시작했다. 자신의 이야기를 솔직하게 털어놓는 사람, 나를 잘 챙겨주는 사람, 노래 부르는 걸 좋아하는 사람… 회원님들을 보며 불편한 상황에 놓였던 과거의 나를 투영하는 것이 아니라, 각 사람 고유의 매력을 찾기 시작한 것이다.

〈서울체크인〉이라는 프로그램에서 이옥섭 감독님이 했던 이야기가 생각난다. 언젠가 감독님이 외국에서 버스를 탔는데 어떤 여자분이 뒷자리에 앉아 매니큐어를 바르고 있었다고 했다. 냄새도 지독하고 진짜 매너 없다며 눈살을 찌푸리고 있는데, 순간 '저 사람이 만약 내 영화의 주인공이라면 어떨까?' 하는 생각이 들었다고. 버스 맨 뒷자리에서 매니큐어를 바르고 있는 여자라니 갑자기 너무 매력적인 캐릭터로 보이기 시작했다고 말했다. 이어서 했던 이옥섭 감독님의 말이 매우 인상적이었다.

"누가 너무 미우면 그냥 사랑해버려요."

한순간의 생각으로 끝에서 끝으로 달려갈 수 있는 사람의 감정이라는 것이 정말 경이롭고도 아름답다는 생각이 들었다. 이젠 차담을 할 때도 요가를 할 때도 모든 회원님이 정말 개성 있고 매력적인 캐릭터처럼 느껴진다. 그들도 나를 그렇게 대해주니 서로를 더욱 아껴줄 수밖에 없다. 심지어 그들을 사랑해버리니 과거에 후회했던 행동들이나 나를 핍박했던 말들까지 고스란히 사라지는 듯한 느낌이었다. 나를 불편하게 하는 사람을, 그들을 보며 결국 마주하게 되는 나의 단점과 약점을 사랑해보려는 마음이 말처럼 쉽지만은 않겠지만, 그럼에도 마음에는 불가능이란 없다고 생각한다. 차근차근 나아가보자. 그 과정에서 뜻하지 않게 과거의 나를 보듬어줄 수도 있을 것이다.

불안을 던지면
긍정으로 받아치는 사람

 마음이 소란했던 시기에 지금의 남자친구를 만나게 되었다. 나는 원래 밖에선 술을 잘 안 마시는 사람임에도 불구하고 그런 날들이 반복되니 술집에 가고 싶어졌다. 그래도 집순이라 멀리 가지는 못하고 다른 동네 친구와 함께 집 앞 와인바를 가게 되었는데 그곳에서 손님과 요리사의 입장으로 지금의 남자친구를 만났다. 이제 와서 그 친구의 무엇이 마음에 들었냐고 물어본다면, 다 마음에 안 들었는데 나누었던 대화 속 한마디가 자꾸 맴돌아 만나게 되었다고 말하고 싶다.

 요가 강사로서의 발전도 더디고 직업에 대한 번아웃이 왔을 때여서 친구와 삶의 이유에 대한 대화를 나누던 중에 남자친구가 이런 이야기를 해왔다. 본인은 삶의 이유를 찾을 필요가 없다고, 자신이 태어났기 때문에 이 세상이 존재하는 것인데 이유가 왜 필요하냐고 했다. 처음 그 말을 들었을 땐 정말 재수 없다고 생각했다. 그러고는 이어가는 말이 내가 눈을 떴기에 세상이 존재하니 눈을 감는 것도 본인 마음이지만, 이왕 나 좋으라고 만들어진 세상이라면 행복하다 가면 좋지 않겠냐는 말이었다.

내가 세상에 우호적이면 세상도 나에게 우호적일 수밖에 없다는 그 말이 가만 생각해보니 틀린 말이 아니었다. 이 세상이 나로부터 존재한다는 건 태어나서 한 번도 생각해본 적이 없었다. 늘 세상을 쫓아가느라 바빴고 타인의 세상을 부러워하느라 바빴고, 막상 나의 인생이라고 생각하면서도 스스로 주체가 되어 삶을 살아갈 생각은 못 했다. 높은 성적을 받고 싶은 것도, 좋은 직장에 취직하는 것도, 내가 원한 것이 아니라 어쩌면 그저 타인의 세상을 뒤쫓는 눈먼 노력이었다는 것을 남자친구의 그 말을 통해 인정하게 되었다.

연인이든 친구든 '내 삶은 내가 원하는 대로 흘러갈 거야!'라는 확고한 믿음을 가진 사람을 옆에 두면 인생이 바뀐다. 내가 바로 그 산 증인이다. 나는 요가 강사로서의 성장과 성공은 생각도 안 하고, 스스로의 가치를 섣불리 재단하는 사람이었다. 그런데 남자친구를 만나고 얼마 지나지 않아 그 친구가 다리를 다쳐서 한 달 동안 다리 깁스를 해야 하는 상황이 생겼다. 하고 있던 일을 모두 멈추고 한 달 정도 집에만 있게 됐는데도 남자친구는 쉬고 싶었는데 이참에 잘됐다고 했다. 나는 그 모습을 보고 부끄럽게도 '왜 저 친구는 불행하지 않지? 좌절을 느껴보면 좋겠다.'라는 생각을 했다. 행복한 사람의 옆에 서고 싶은 게 아니라 내가 있는 자리로 끌고 내려오고 싶다는 마음이 들었다.

이런 창피한 고백을 하는 이유는 그런 못된 마음을 가지고 있던 스스로가 너무 미웠기 때문이다. 나는 자책하고 속상해하며 더 땅굴을 파고 들어갔다. 만약 누군가 옆에서 "나도 그런 마음을 가질 때가 있었어. 타인의 불행을 바랄 때가 있었어. 하지만 결국 누구보다 모두의 행복을 바라는 사람이 될 거야. 그러니까 걱정 마."라고 말하며 숨기고 싶은 마음을 다독여주는 이가 있었다면, 내가 나를 미워하는 일을 덜 하지 않았을까 싶기도 하다.

그런데 감사하게도 남자친구는 나의 어떤 말에도 굴복하지 않았다. 경력 단절이 될 것이다, 회사에서 결국 너를 버릴 것이다…. 별의별 불안을 뭉쳐 던졌지만 어느 것 하나 받지 않고 "그래도 결국 나에게 좋은 방향으로 흘러갈 거야!"라고 받아치며 확언하는 사람을 계속 보다 보니 신기하게 나의 무의식도 점점 변해갔다. 안 좋은 일들을 마주할 때면 좋은 일이 생기려나 보다 하며 스스로를 지키는 힘이 조금씩 생겨나기 시작한 것이다.

그 이후부터는 단지 직업으로서의 요가 강사가 아니라 타인을 평안하게 해주는 요가 안내자가 되자는 사명을 품게 되었다. 사람이 사람에게 줄 수 있는 위로와 힘이 생각했던 것보다 더 강력하다는 것을 몸소 느꼈기 때문이다. 사람은 사람 때문에 좌절하지만 또 사람 덕분에 희망을 얻기도 한다. 인간이 원래 그렇다. 결국 모두가 혼자이지만 그렇기 때문에 함께여야 한다.

내가 요가원에서 계속 "여러분은 행복할 거예요! 평안할 거예요! 웃을 일만 가득할 거예요!"라고 떠들어대는 것이 누군가는 그저 쓸데없는 말이라고 할지 모르겠지만 그래도 나는 계속해서 그렇게 말할 것이다. 나는 이제 우주의 에너지를 믿는다. 우리가 말하고 느끼고 행동하는 동안 생기는 에너지는 긍정이든 부정이든 상관없이 사라지지 않고 어딘가에 존재하니

까. 결국은 나의 그 말들도 언제든 어디에든 닿아 실현될 것이라고 말이다.

그러니 오늘도 이렇게 말해보자.

'나는 행복하다. 이 세상은 나로부터 존재하고 나에게 좋은 것들만 가져다줄 것이다!'

이렇게 말하고 믿으면 지금의 나처럼 정말 인생이 조금씩 변하기 시작할 것이다. 그리고 그렇게 변화가 시작되었다면 또 다른 누군가를 위해서도 기도해보길 바란다. 더 많은 이들이 행복해지고, 세상이 조금이라도 더 행복해질 수 있도록.

행복의 잠재력

'행복'이라는 단어를 검색해보니 두 가지 정의가 나왔다.

> 행복
> 1. (명사) 복된 좋은 운수
> 2. (명사) 생활에서 충분한 만족과 기쁨을 느끼어 흐뭇함 혹은 그러한 상태

한참 정의를 곱씹고 있자니 이렇게 단순한 것을 위해 우리는 평생 이토록 무언가를 고대하는 것인가라는 생각이 들었다. 그리도 많이 받았던 "어떻게 하면 행복해질 수 있나요?"라는

질문에 대한 답을 국어사전만 펼쳐도 찾을 수 있다는 사실을 왜 알지 못했을까? 행복의 첫 번째 뜻은 '복된 좋은 운수'라고 한다. 그럼 좋은 운수란 무엇일까? '운수'의 정의를 또다시 찾아봤다.

운수
1. 이미 정해져 있어 인간의 힘으로는 어쩔 수 없는 천운

인간의 힘으로는 어쩔 수 없다고 하니 1번 뜻은 뒤도 돌아보지 않고 포기하고 2번 뜻으로 넘어가보자.

2. 생활에서 충분한 만족과 기쁨을 느끼어 흐뭇함 혹은 그러한 상태

그렇다면 행복하지 못하다는 것은 지금의 생활이 충분한 만족과 기쁨을 느낄 만큼이 아니라는 뜻일 테다. 그런데 내가 궁금한 것은 지금 생활이 행복하지 않다고 하는 사람들 대부분이 생각하는 행복한 생활은 무엇인가 하는 것이다. 세상에 태어나 이 삶이 우리에게 바라는 것은 많지 않다고 생각한다. 고

작 살아갈 수 있는 정도의 의식주가 전부다. 그 외에 모든 것들은 인간이 만들어낸 것들이지 않은가? 잘살고 싶은 마음에 그 의식주의 기준이 너무 많이 세분화되었고, 이젠 '나노 사회'라고 할 정도로 사회 안에서 개인의 기준이 극소 단위로 분화되어가고 있다.

우리가 '행복'이라는 단어의 정의에서 주목해야 할 점은 '충분한 만족과 기쁨'이 아닌 '생활'에 있다. 그런데 많은 사람들이 그걸 놓치며 산다. 더욱 만족하기 위해, 충분하기 위해 고개를 돌리며 또 다른 무언가를 찾는다. 또 그걸 찾지 못했다며 혹은 갖지 못했다며 좌절하고 우울해한다. '생활'이라는 단어의 정의를 살펴보자.

생활
1. 사람이나 동물이 일정한 환경에서 활동하며 살아감
2. 생계나 살림을 꾸려나감
3. 조직체에서 그 구성원으로 활동함

인간이라면 태어남과 동시에 하고 있는 활동이다. 우리가 찾는 행복은 이렇게 지극히 평범하면서도 일상적인 반복 안에 있다. 아침에 눈을 떠서 다시 잠에 들기까지의 그 모든 과정 안에서 만족하고 기뻐야지만 비로소 그것이 행복이기에 우리는 지금 당장 이 책을 읽으면서도 행복할 수 있고, 밥을 먹으면서도 행복할 수 있고, 길을 걸으면서도 행복할 수 있고, 하다못해 길 가다 넘어져도 행복할 수 있는 것이다. 그건 미친 거 아니냐고? 좀 미쳐보는 것도 괜찮지 않을까? 나쁠 게 하나도 없는데, 나에게 좋은 거라면 조금 미치면 어떤가? 사람들이 조금 이상하게 보면 또 어떤가? 남에게 피해주지 않고도 내가 기쁠 수 있다면 그 행복에 최선을 다해보자는 말이다.

나는 오로지 물질적인 것에만 행복이 있다고 믿는다면 평생 행복할 수 없을 거라고 확신한다. 원하는 것을 얻어도 어딘가 공허한 이유가 바로 그 때문일 것이다. 우리가 눈을 떠 배운 세상이라곤 물질적인 것이 전부이지만, 눈을 감음과 동시에 내면엔 무한히도 큰 세계가 존재한다. 그리고 그곳엔 한계 없는 행복이 존재한다. 어떤 종교적인 색채를 띠는 신념이 아닌 모두가 마주할 수 있는 세계라는 것을 꼭 말하고 싶다.

마음을 열고 다시 세상을 바라보자. 내 안의 무한한 잠재력을 꺼내 세상을 마주했을 때 타인에 의해 흔들리지 않는 진정한 평화와 행복을 만날 수 있을 것이다. 세상의 말에 휩쓸려가고 물질이나 능력만 좇는 게 아니라 내면이 단단하고 강한 사람이 되었을 때, 비로소 세상이 있기에 내가 존재하는 것이 아닌 내가 있기에 세상은 존재한다는 믿음이 생길 것이다. 그리고 그 믿음은 당신의 걸음들을 빛나게 해줄 것이다.

최선을 다하는 삶

당신이 생각하는 최선을 다하는 삶은 어떤 삶인지 궁금하다. 작년 한 해 동안 내게 '최선, 열심, 노력'이라는 단어가 유독 좋지 않게 들렸다. 그런데 회원님들을 만나서 이야기하다 보면 이 세 가지 단어가 어김없이 나왔다.

"최선을 다한 것 같지 않아요."

"더 노력했으면 결과가 달라졌을까요?"

"열심히 하는데 잘 안 돼서 힘들어요."

그 말들을 생각하며 나의 경우를 돌이켜 보니 나는 스스로에게 당당했을 때 '최선을 다했다, 열심히 했다, 죽을 만큼 노력했다'는 말을 했었던 것 같다. 고등학교 3년 내내 1등을 하면서도 시험이 끝나고 결과가 나오기 전에 불안하거나 나 자신에게 실망한 적이 없었다. 시험을 위해 쏟는 시간과 노력은 그 누구보다 잘 알고 있으니까. 그런데 요가 강사가 된 이후엔 딱히 무엇을 죽을 만큼 이루고 싶다거나 최선을 다해 노력한 적이 없다. 이유를 생각해보니 대체로 모든 것에 대한 욕심이 많이 줄었음을 알게 되었다. 딱히 그 자리에서 1등을 하고 싶지도 않고, 더 많은 자격증을 따고 싶지도 않았다. 그렇다고 열심히 하지 않았다는 것은 아니다. 불필요한 것에 쏟는 열정을 줄이니 발전이 멈추는 듯한 느낌을 받으면서도 그 느낌이 딱히 나쁘지 않았다.

요가 강사를 시작하고 '최선'에 대한 노력을 줄이게 된 계기가 있다. 이 글을 읽는 누군가는 내게 바보 같다고 할 수도 있겠지만 그럼에도 누군가에겐 울림이 있길 바라는 마음으로 나눠본다.

요가 안내자가 되고 얼마 지나지 않아 '맑음복'이라는 작은 요가복 브랜드를 운영하게 되었다. 처음엔 일주일에 두세 개 정도 주문이 들어왔는데 주문이 들어왔다는 사실 하나만으로도 그 자리에서 펄쩍펄쩍 뛰며 좋아하곤 했다. 택배 보낼 때는 또 얼마나 신나던지, 몇 개 안 되는 택배를 품에 안고 집 앞 편의점으로 가 하나씩 주소지를 입력해 택배를 보냈다. '이 옷을 입으신 분들이 행복하셨으면 좋겠다. 평안하셨으면 좋겠다. 요가하며 절대 안 다치셨으면 좋겠다.' 주문 아닌 주문을 외며 정성껏 포장하고 있는데 엄마가 방에 들어왔다. 아직도 흐뭇하게 웃으며 나를 보고 계셨던 엄마의 표정이 선명하다. 그런 엄마에게 나는 이렇게 이야기했다.

"나는 맑음복으로 한 달에 딱 100만 원만 벌면 요가 수업 지금처럼 하루에 한두 타임만 하면서 평생 살 수 있을 것 같아!"

그 돈으로 어떻게 평생 살 생각을 하냐며 철없는 소리라고 생각하실 수도 있겠지만 정말 진심이었다. 물질에 대한 욕심보단 하고 싶었던 요가를 가르치는 일과 옷을 만드는 일을 하고 있다는 사실만으로도 행복했다.

시간이 지나 요즘에는 좋아하는 것을 열심히 하다 보니 생각했던 것보다 더 많은 사랑과 관심을 받게 되면서 많은 것들을 누리게 되었다. 이젠 서울이 아닌 어느 지역을 가도 많은 분이 내 수업을 들으러 찾아오고, 내가 만든 스님바지와 이불바지는 입소문을 타 상상치도 못한 주문량이 들어올 때도 있다.

그런데 정말 웃기게도 입은 감사하다, 행복하다 하고 있지만 매일 아침 눈을 뜰 때마다 오늘 싸야 하는 택배와 밀려 있는

CS 업무, 그리고 저녁에 할 수업까지 생각하면 덜컥 겁이 나기도 했다. 1년이 넘게 그 일들을 반복하니 '나는 무엇을 위해 이리도 최선을 다해 열심히 노력하고 있는가?'라는 물음이 생겼다. 서서히 늘어가는 업무들을 보며 처음엔 행복했고 그다음엔 힘들었고 이젠 버겁다는 말이 나올 정도로 시간이 흐를 동안 정작 내가 진짜 원하는 것은 무엇인지 돌아볼 시간은 없었다. 그저 욕심이 생겼던 거다. 내가 진정으로 원하지는 않지만 사회가 좋은 것이라고 말하는 물질이 늘어나는 만큼 내가 행복해지는 것처럼 더 열심히 최선을 다해 물질을 모으고 있던 나를 발견하게 되었다.

그러던 와중에 지쳐 있는 나를 보며 엄마는 "맑음복 일을 조금 덜 열심히 해보는 건 어때?"라고 하셨다. 정말 그 자리에서 뒤통수를 탁 맞은 느낌이었다. 그동안 나는 하루하루 매출이 늘어가는 것에 눈이 멀어 매일 '열심히' 하기 바빴다. 조금이라도 일을 안 하면 줄어드는 주문량에 일희일비하게 되고, 왜인지 주문량이 줄어든 그 하루 사이에 맑음복이 망하기라도 한 듯 초조해하기도 했다. 그런 내게 힘을 빼고 해보라는 말은 새로운 선택지를 제시해준 느낌이었다.

처음 이 일을 시작했을 때의 설렘이 아닌 '돈'이 목표가 되어

버리니, 정도를 모르고 나아가고만 있었다. 그날 이후 나는 매출표를 안 보기 시작했다. 광고비도 절반으로 뚝 줄이고 CS 업무를 하는 시간도 정해놓고 새벽엔 절대 답을 남기지 않았다. 그렇게 하다 보니 다시 마음에 여유가 생기기 시작했다. 다시 이 일들이 좋아지고 애틋한 마음까지 생겨났다.

이제 나는 최선을 다하지 못해 속상하다는 말을 하는 사람에게 "그 일이 정말 본인이 원하는 일인가요?"라는 질문부터 하게 된다. 그리고 이렇게 덧붙인다.

"저는 이 세상에 악마라는 게 정말 존재한다면 그 악마가 원하는 게 바로 인간이 열심히 사는 것 아닐까 생각해요. 우리가 진정 원하는 것에는 최선을 다해도 상관없지만 생각해보면 우리의 최선은 늘 타의적인 일을 향해 열심히 달려가고 있지 않나요? 너무 열심히 살지 말아요. 이 악물고 무언가를 해내는 거 이젠 왠지 손해 보는 것 같아요."

물론 개인적인 나의 생각이지만 그럼에도 한 번쯤은 공유하고 싶었다. 무언가에 최선을 다하는 삶이 지친다면 한 번쯤은 '내 최선의 방향이 정말 나를 향하고 있는가?' 질문을 던져보길 바란다. 그 끝에 고개를 끄덕일 수 있는 최선이라면 나는 가장 크게 박수 치며 당신을 응원하고 있겠다.

쌓여가는 DM에
겁이 나던 날들

'요가 안내자 맑음'으로 바쁘게 보내다 보니 어느새 시간이 훌쩍 지나 있었다. 뒤를 돌아보며 한 번쯤은 멈춰 쉴 줄도 알고 마음을 나눠주고 도움을 주셨던 분들을 떠올릴 줄도 알아야 하는데, 시간이 없다는 핑계로 그것을 못했다. 처음에 책을 쓰겠다고 다짐했을 때 말주변도 없고 글솜씨는 더더욱 없는, 요가만 하던 내가 어떻게 쓸 수 있을까 하며 많이 망설였다. 그런데 편집자님께서 이런 말씀을 해주셨다. 내 영상을 보고, SNS의 짧은 글을 읽고 힘이 나셨다고.

SNS를 시작하면서부터 내가 올리는 영상을 보며 다시 한번 일어설 힘을 얻었다는 장문의 메시지를 많이 받는다. 점점 쌓이는 메시지들에 감히 그 마음을 돌려줄 엄두도 나지 않아 어느 순간부터 답장을 하지 않고 마음만으로 응원을 보내고 있었는데, 만약 내가 책을 써서 그 마음을 전할 수 있다면 글이 얼마나 별로인지는 상관 없이 그것으로 충분하지 않을까 하는 마음으로 '작가 맑음'에 도전하게 되었다.

사실 나는 그분들이 보낸 장문의 메시지에 겁이 나서 답을 못 했음을 고백해야겠다. 내가 그 사람들을 위로할 자격이 있는지 의문이 들었고, 또 그 많은 삶과 이야기들을 내가 다 감당할 수 없을 것 같다는 걱정도 들었기 때문이다.

내가 요가 안내자로서 성장하고 많은 사람들에게 사랑받을 수 있었던 이유는 '공감'이 아닐까 싶다. 누군가의 마음을 잘 이해하고 남들은 이해하지 못했던 마음속 깊이 있는 슬픔까지 함께했기에 비록 처음 만나는 사람이라도 함께 끌어안고 눈물을 흘릴 수 있었던 것이다.

나는 남들이 보지 못하는 사람의 마음속 깊은 곳을 잘 보고 또 느낀다. 그 마음을 통제할 수 없던 시절엔 TV에서 각종 사건 사고를 마주할 때도, 길 가다 마주친 고양이를 볼 때도 그들의 비통함과 외로움에 깊이 공감하며 괴로워했다. 요가원이 생기고 나서부턴 그곳이 나의 방공호가 되어주었다. 딱 공간의 크기만큼만 공감하고 슬퍼하고 삶을 나누기로 마음을 먹고 나니 그 어떤 분들이 슬픈 마음을 가지고 오든 두렵지 않았다.

그런데 SNS는 생각했던 것보다 훨씬 파급력이 컸다. 어쩌다 한두 개씩 오던 메시지에 답장해줄 때의 마음과는 달리 한 사람의 인생에 비애를 담은 글들이 쌓여가니 두려워지기 시작했다. 마치 내게 메시지를 보내는 것이 이들의 유일한 희망인 것처럼 쓰인 글들 속엔 내가 받을 수 있는 에너지라곤 없었다.

누군가에겐 단단해 보일지도 모르지만 사실 나도 참 나약한 사람이다. 눈물을 닦아줄 손수건도 빨고 말리는 시간이 필요한 법인데, 그 시간을 스스로에게 주지 못하다 보니 점점 힘들어졌다. 그때부터 더 이상 모르는 사람들의 연락에는 답장을 하지 않게 되었다. 다만 모든 글을 읽고 잠시 눈을 감고 그들을 위해 기도한다. 행복하길, 평안하길, 번뇌와 고통에서 벗어나 부디 자유롭길, 당신이 모르는 사이에도 누군가 당신을 위해 잠깐이나마 기도하고 있다는 사실을 알길 바라며 말이다.

사실 내게 오는 메시지의 절반 이상은 고맙다, 감사하다, 응원한다며 큰 힘을 주는 말들이다. 덕분에 나도 계속해서 앞으로 나아갈 수 있다. 이 책을 핑계 삼아서 보내지 못한 답장을 적어본다. 참 감사했다고, 조용히 무너진 날들조차 당신의 메시지 덕분에 하루의 좌절 끝에 다시 일어날 힘을 얻었다고 말하고 싶다. 그 마음 잊지 않고 필요한 누군가에게 전할 수 있도록 부단히 행복해보겠다. 그러니 이 글을 읽고 있는 당신도 매일은 아니더라도 부단히 행복해지길!

나도 요가 안내자이기
전에 사람이라서

내가 요가 수업을 하면서 가장 무서웠던 것이 바로 사람들이 바라보는 '나'는 어떤 사람일까 하는 두려움이었다. SNS를 통해 위로, 힐링, 맑음, 착함… 온갖 좋고 예쁜 수식어들로 나를 바라봐주신다는 것을 알지만 사실 나는 생각보다 못된 사람이고 맑지 않은 부분이 많이 있으니 말이다.

새로운 회원님들을 만나는 주가 되면 속으로 '나랑 맞는 사람이 많이 오면 좋겠다. 이상한 사람이 오지 말아야 할 텐데.' 하며 편견과 타인에 대한 재단으로 가득한 생각들이 이어진다. 수업을 잘 따라오지 못하는 회원님을 보면 가끔 답답한 마음이 들 때도 있다. 요가 강사라면 그런 것들은 너그럽게 받아들

여야 하는 거 아니냐고 생각할 수도 있지만 그 생각을 깨고자 말하는 고백이기도 하다.

나는 늘 새로운 사람들을 만나며 내 속의 편견과 싸우고 있다. 누구는 이래서 좋고 누구는 이래서 싫고, 나도 요가 안내자이기 이전에 사람인지라 모두를 공평하게 사랑하지는 못한다. 다만 늘 스스로에게 '좋은 사람은 어떤 사람인가?'라는 질문을 던지며 누군가를 쉽게 판단하지 않기 위해, 편견을 갖지 않기 위해 내면에서 수도 없이 싸울 뿐이다. 항상 긍정적으로 생각하고 좋은 말을 하며 진리대로 살아가는 것이 아니라 그렇게 살기 위해 노력하는 사람에 불과하다.

어쩌면 진정으로 좋은 사람이란 타인을 마음대로 판단하지 않는 사람이라는 생각이 든다. 나와 상대방의 다름을 인정하고 그대로 받아들이는 사람 말이다. 생각해보면 한 사람의 인생을 한순간의 만남으로 혹은 대화로 판단하는 것이 정말 오만한 일인데, 그런 무례한 행동을 나는 매 순간 알게 모르게 하고 있다는 게 명상을 하거나 하루를 정리할 때 제일 괴로운 점이다. 아마 내가 살아갈 남은 날 동안 해결해야 하는 숙제일 것이다. 그렇게 비로소 어떤 상황에도 타인을 판단하지 않고 상대방의 이야기를 온전히 들어주는 요가 안내자의 길을 걷고 싶다.

다만 한 번쯤은 내가 타인의 대한 색안경을 벗으려 노력하는 만큼 타인도 나를 바라볼 때 조금은 마음을 열고 바라봐주었으면 좋겠다는 작은 소망이 있다. 그 작은 노력이 서로를 이해할 수 있는 작은 틈을 만들어주고, 결국 허물없이 껴안을 수 있는 사이로 이어줄 것이라고 믿기 때문이다. 당신을 판단하지 않기 위해 늘 노력하겠다. 나의 노력이 당신에게 닿아 결국 서로가 서로의 노력이 될 수 있길 진심으로 바라본다.

엄마는 다음 생에
또 안 태어나고 싶어

맑음복이 잘되면서 택배를 포장하는 시간이 점점 길어졌다. 처음 시작했을 땐 하루에 한 건만 나가도 "이거 대박인데?"라며 박수를 쳤는데 지금은 포장에만 꼬박 하루를 보낼 때도 있으니 내 기준에선 더 바랄 것 없는 성공을 했다고 생각한다. 어느 정도 주문 수량이 늘어나면서 함께할 직원을 구해볼까 고민하는 나를 보던 엄마가 선뜻 함께해주고 계신다.

감사하게도 그렇게 엄마와 함께하는 시간이 자연스레 늘어났다. 이전까지는 서로 바쁜 탓에 저녁이 다 되어서야 얼굴을 마주하고 몇 마디 나눌 수 있었는데, 택배 일 덕분에 하루에 서너 시간은 함께 앉아 이야기하다 보니 나를 키우면서 처음으로 미웠을 때부터 아빠와 헤어지고 싶었을 때는 없었는지까지 별의별 질문을 다하게 되었다. 한번은 요가 수업 전 차담 시간에 회원님들과 질문 카드를 뽑다가 나온 질문을 엄마에게도 던졌다.

"엄마는 다시 태어난다면 무엇으로 태어나고 싶어?"

회원님들과 이야기하면서 바오밥나무, 바다, 고양이 등 너무 다양한 대답들이 나온 질문이라 기대를 안고 답을 기다리고 있는데 엄마는 한참을 고민하더니 이렇게 답했다.

"엄마는 다음 생에 또 안 태어나고 싶어…."

목덜미가 뻣뻣해지는 느낌이었다. 저 단전에서부터 알 수 없는 감정이 올라오더니 목덜미를 한번 치고는 사라지지를 않았다. "왜 다시 안 태어나고 싶어? 나 다시 안 만날 거야?"라고 물었더니 "엄만 너무 많이 태어났어. 이젠 좀 쉬고 싶어."라는 대답이 돌아왔다.

참을 수 없는 울음이 쏟아져나왔다. 내가 늘 가지고 살았던 삶의 무게를 엄마가 한마디로 정의해준 것 같았다. 엄마도 같은 기분을 느끼며 살아왔구나. 짓궂은 인생의 애처로움과 엄마가 삶에서 느꼈을 지독한 애증의 순간들을 단번에 느낄 수 있는 대답이었다.

할아버지가 일찍 돌아가셨을 때도, 아들처럼 키운 동생이 갑작스럽게 하늘로 떠났을 때도, 괜찮다는 말만 했던 엄마이기에 나는 엄마가 참 강하다고만 생각했었다. 사랑의 부재는 마음에 남을 수밖에 없다는 것을 왜 몰랐을까? 그렇게 한 시간 동안 펑펑 울었다. 무심히 던진 말에 세상이 떠날 듯 눈물을 보이는 딸을 보며 엄마도 당황했겠지만 그 와중에도 두 손은 열심히 택배를 포장하고 있었다.

요가를 시작하고 꽤 오랫동안 나는 눈물을 보인 적이 없었다. 그래서 오랜만에 실컷 한번 울고 나니 마음이 개운해질 줄 알았는데 되레 누군가 스위치를 툭, 끈 것처럼 다음날부터 힘이 나지 않았다. 수면제를 먹고 일어난 것처럼 일어나자마자 졸리고 사람을 따뜻하게 대할 에너지도 없어졌다. 머릿속엔 '사람은 왜 자꾸 태어날까?' 하는 답을 알 수 없는 질문 하나가 떠다녔다.

우린 왜 자꾸 태어날까? 우리는 분명 사랑하기 위해서, 행복하기 위해서 사는 것일 텐데, 살면서 그걸 오롯이 느끼지 못하니 이 세상으로 계속해서 내던져지는 걸까? 답이 없는 물음표뿐이었다.

그 무력감 때문인지 한동안 회원님이나 주변 사람들에게 지금 이 삶이 행복한지에 대해 묻고 다녔다. 가지각색의 대답을 들으며 문득 내가 참 바보 같다는 생각이 들기 시작했다. 몇 번의 전생이 있었건 결국 지금 이 삶도 행복해지기 위해 사는 것일 텐데 이런 고민을 왜 하고 있나 싶었다. 회원님들의 다양한 행복의 이유를 듣고 다음 생에 태어나고자 하는 모양들을 듣다 보니 '무엇으로 태어나든 한없이 행복할 수도 있겠구나. 그렇다면 이번 삶은 기회겠다.'라는 생각도 들었다. 생에 대한 무력감이 아닌 감사함으로 바뀌는 감정을 실시간으로 느꼈다.

때론 혼자 답을 찾지 못할 때 누군가에게 물어보는 것도 하나의 방법이라는 사실을 알면서도 그게 참 어려운 것 같다. 나의 부정적인 감정이나 부족한 모습을 보여주는 것만 같을 때도 있다. 아직 나도 "그럼에도 불구하고 타인에게 기대보세요! 물어보세요!"라고 자신 있게 말하지는 못하겠다. 다만 나도 노력 중이다. 그러니 혼자서 답을 찾지 못하는 질문에 삶이 무너질 것 같을 땐 옆에 있는 사람에게 조금이나마 기대보자. 내가 삶의 무기력 속으로 빠지려할 때 다시 이 삶은 축복임을 깨닫게 된 것처럼 생각지도 못한 답을 마주하게 될 수도 있으니까!

시끄러운 침묵

 인생을 잘못 살아온 것은 아닌데 신기하게도 시간이 지날수록 주변에 친구들이 하나씩 줄어들기 시작했다. 요가 강사로 일을 시작하면서 관계에 대한 욕심을 버리기 시작한 것이 한몫하기도 했다. 그중 유일하게 여전히 집착하는 친구 한 명이 있는데 다섯 살 때부터 함께한 동네 친구이자, 멀리 이사를 가고 나서도 바쁜 와중에 2주에 한 번씩은 시간을 내어 얼굴을 보는 친구다. 너무 많은 추억이 있기에 내 삶의 어느 부분은 이 친구의 몫이라고 할 수 있겠다.
 나와 전혀 다른 그 친구가 왜 좋을까 스스로에게 질문을 던진 날이 있었는데 너무 희한한 답이 나왔다. 나는 그 친구와의 침묵을 사랑한다. 말이 없는 친구 옆에서 혼자 재잘재잘 인생 한탄도 했다가, 굴러가는 낙엽에 혼자 빵 터져 웃기도 했다가, 힘든 날엔 말도 안 하고 울기도 하다가, 결국 침묵에 이른다. 모든 감정을 하염없이 다 받아주는 친구와 함께 있을 때 이어지는 침묵에는 알 수 없는 따스함과 사랑이 느껴진다.

사실 친구에게 먼저 연락이 오거나 놀러 가자고 하지를 않아서 한때는 나를 별로 안 좋아한다고 생각한 적이 있었다. 하지만 매년 생일, 크리스마스, 새해에 주고받는 편지를 읽다 보면 그저 우리의 표현 방식과 성격이 다르다는 것을, 친구도 역시 나를 많이 사랑한다는 것을 느낀다. 그 친구는 내게 표현하지 않아도, 말하지 않아도 느껴지는 사랑이 있음을 침묵을 통해 알려주었다.

이 세상엔 정말 다양한 모양의 사랑이 존재한다. 가족, 연인, 친구, 동물 그 밖에도 내가 헤아릴 수 없는 수많은 종류의 사랑이 있을 것이다. 그 사랑의 모양을 잘 세분화해서 알아차릴수록 서로의 소중함을 알게 되는 것 아닐까? 아무것도 하지 않고 그저 만나기만 해도 위로가 되는 친구에게 늘 그 비법을 배우려고 두 귀와 눈을 크게 뜨고 분석하는데, 도대체 어떻게 이렇게까지 존재만으로도 편안한 에너지를 주는 건지, 침묵으로 나를 위로하는 건지 도통 알 수가 없다. 그 침묵 속에서 우린 늘 시끄럽다. 그냥 걷는 산책길에도, 맨 뒷자리에 앉아 타고 가는 버스 안에서도, 서로의 힘듦을 굳이 말하지 않고 이어가는 시시한 농담들 속에서도, '나는 너를 아주 많이 응원하고 있어.' 하는 그 마음이 온전히 느껴진다.

그게 바로 진심의 힘인 것 같다. 요가를 표현할 때 나는 '고요 속의 외침'이라고 말하곤 한다. 동작 하나하나를 집중해 수련하다 보면 정말 조용히 한 시간이 흘러간다. 나의 목소리와 회원님들의 숨소리 외엔 그 어떤 소리도 들리지 않는다. 하지만 그 안에는 정말 많은 생각과 목소리들이 난무한다. '잠깐 팔 좀 내릴까?', '카운트 언제 끝나지?', '너무 힘든데?' 하며 스스로와의 싸움을 이어가느라 생각이 끊길 틈이 없다. 내가 이 동작과 이 시간을 진심으로 대하고 있기 때문에 그만큼의 생각을 할 수 있는 것이다.

사람과의 관계도 마찬가지다. 아무 말 하지 않아도, 그저 가벼운 이야기로 시간을 보내도, 서로에 대한 진심만 있다면 굳이 직접 말하지 않아도 강력한 힘을 느낄 수 있다. 세상에서 가장 시끄러운 침묵으로 나를 사랑한다고 말해주는 친구에게 언젠가 그 비법을 전수받고 싶다. 말하지 않아도 사랑을 느끼게 해주는 사람이 되고 싶다. 눈빛에서, 행동에서 사랑과 진심이 흘러넘치는 사람이 되고 싶다. 나도 그런 사람이 된다면, 가장 조용하면서도 가장 강력하게 사랑을 표현할 수 있는 사람이 된다면, 언젠가 당신에게도 그 비법을 알려주고 싶다.

나비와 하루

 질긴 인연이 사람하고만 있으리란 법은 없다. 나는 열두 살 나비와 네 살 하루라는 고양이 주인님들과 함께 살고 있다.
 나비는 비가 많이 오던 어느 아침에 집 앞 자동차 밑에서 처음 발견했다. 비에 쫄딱 젖어 이미 포기라도 한 듯 도망도 가지 않고 한 손에 쑥 잡혀왔다. 나는 지각할까 봐 재빠르게 집에 데려다 놓고는 엄마에게 "쫓아내지 마!"라고 소리만 친 채 다시 학교로 뛰어갔다. 동물을 싫어하는 아빠와 고양이 알레르기가 있는 내가 그렇게 처음 나비를 만나게 되었다. 하루 종일 혹시나 부모님이 고양이를 쫓아내지는 않았을까 걱정하느라 수업에도 집중하지 못하다가 학교가 끝나자마자 집으로 달려갔다.

그런데 집에 도착하자마자 내가 목격한 장면은 잡혀 있던 약속도 다 미루고 고양이랑 놀고 있던 엄마의 모습이었다. 바로 내보내려고 했는데 고양이의 눈빛이 너무 예뻐서 그럴 수가 없었다고 했다. 그날 밤 퇴근하시고 오신 아빠는 고양이를 보며 화를 냈지만 그래도 키우자는 엄마의 말 한마디에 작은 상자로 고양이 집을 만들어주시던 게 아직도 선명하다.

나비는 똑똑해서 어느 순간부터 '외출냥이'가 되었다. 작은 마당에서 바깥으로 통하는 길이 있어 매일 출근할 때나 퇴근할 때 아빠의 오토바이 소리, 엄마의 발걸음 소리를 듣고 어김없이 달려와 살을 비비며 인사를 해준다. 사실 그렇게 외출을 하다 밖에 나가서 살게 두라며 이름도 나비로 지었었다. 언제든 떠날 수 있는 고양이라고 생각했는데 벌써 12년째 함께하고 있다니.

그날 내가 데리고 온 게 그저 고양이 한 마리만은 아니었던 것 같다. 나비가 집으로 온 날부터 지금까지 덕분에 가족끼리 함께 모여 참 많이도 웃고 행복해했다. 슬프거나 힘든 날엔 이 작은 생명체 하나를 품에 꼭 껴안고 온기를 느끼며 털 속에 코를 콕 박아두고 숨을 쉬면 마음이 참 편안해지기도 했다.

그렇게 나비와 함께하다 4년 전 엄청난 장맛비 사이에서 죽어가던 또 다른 고양이를 발견했고, 그렇게 하루도 우리의 가족이 되었다. 두 눈은 맑은 바다를 담은 것처럼 새파랗고 머리끝부터 발끝까지 새하얀 털을 가지고 있지만 늘 그루밍을 안 해서 약간 꼬질꼬질하다. 하루는 밖에서 키우면 금방 더러워지고 또 죽을 수도 있을 것 같아 특단의 조치로 집 안에서만 기르고 있다. 4년째 집에서 함께 살고 있는 하루는 성격이 활발하지만 흔히 말해 재수가 없다. 자기가 예쁜 걸 아는 건지 나를 마구 물기도 한다.

그런데 참 신기하게 하나도 밉지가 않다. 두 녀석 다 애교쟁이도 아니고 그렇다고 착하지도 않은 고양이들인데 눈만 마주쳐도 너무 예쁘고 사랑스럽다. 나비와 하루 덕분에 사소하게 웃었던 시간을 다 합치면, 인생에서 가장 행복했을 때의 기쁨은 가뿐히 이길 것이다. 이렇게 작은 생명체만 보더라도 생명이라는 것이, 인연이라는 것이 참 경이로울 따름이다. 두 고양이와의 만남은 나의 인생을 바꿔주었을 정도로 강력하고 소중하다.

그래서 사람이 더욱 애틋하다. 한 사람이 내게 와 서로에게 줄 영향을 생각하면 벅차면서도 조심스러워진다. 나는 고양이가 시름시름 앓는 것만 봐도 가슴이 무너지고 며칠은 함께 힘들어하는데, 그 상대가 사람이라면 얼마나 더 힘들까 싶기도 하다.

하지만 나비와 하루가 내게 매일 작고 큰 기쁨들을 주었듯이 사람으로 인해서도 결국 웃게 되리라는 것을 나는 안다. 또 누군가는 나로 인해 행복하고 벅차고 감사할 수도 있다. 사람은 함께 살아갈 수밖에 없다는 사실을 나는 오늘도 나비와 하루에게서 배운다.

더디고 조용한
'선'의 모양새

 살면서 가장 무서운 순간 중 하나는 '나 또한 누군가에게 상처를 주었을 텐데…'라는 생각이 들 때다. 누군가에게 상처 받고 아파하고 미워하는 순간 속에서 '과연 나는 타인에게 한 치의 부끄러움 없이 선했나?'라는 질문을 던지곤 한다. 내가 받은 상처에 대한 합리적 위로와 치유를 하는 동시에 나아갈 삶에 있어서 굉장한 겸손함을 일깨워주는 질문이었다.
 부쩍 SNS 활동을 많이 하면서 내가 만든 영상이 많은 사람들에게 노출되던 시기에 정말 예상치도 못한 연락을 받았다. 중학교 시절 나를 괴롭혔던 친구에게서 메시지가 온 것이다.

- 너 혹시 내가 아는 그 영현이야?

이 한 문장을 보자마자 심장이 쿵! 내려앉았다. 이 친구는 어째서 나에게 이런 연락을 한 거지? 일부러 내 가방에 우유를 부어 가방에서 썩은 내가 진동하던 그때의 일을 기억하지 못하는 건가? 의자에 빨간 립스틱을 발라놓고선 내가 의자에 앉기만을 기다리던 그때를 정말 기억하지 못하는 건가? 오만 가지 생각을 할수록 잘 숨어 있었던 그때의 상처들이 새록새록 떠올랐다. 그런데 명상을 하며 요동치는 마음을 잠재우던 중 '나는 정말 한 치의 부끄러움이 없는가?' 또 다른 화두가 마음속에 자리 잡기 시작했다.

인간은 정말 연약하고 불완전한 존재이기에 늘 흔들리고 그 안에서 실수를 한다. 영화 〈인사이드 아웃2〉에는 주인공 라일리가 학교를 입학하면서 새로운 친구들을 사귀기 위해 평생 단짝을 약속한 친구들을 저버리는 장면이 나온다. 창피하지만 나도 초등학교에서 중학교에 올라가며 똑같은 행동을 한 적이 있었다. 아직도 후회하고 속죄하고 있는 일 중에 하나이기도 하다.

우린 평생을 '나'를 지켜내기 위한 선택을 한다. 참 안타깝게도 인간은 불완전하기에 늘 완벽한 답을 찾아낼 수는 없다. 그 과정에서 누군가에게 피치 못할 상처를 주고, 진정으로 소중하게 여겼던 사람을 놓치기도 하고, 자책에 쌓인 생각들로 스스로를 잃기도 한다. 피해자이기도 가해자이기도 한 삶을 늘 살아가는 것이다. 상처를 주고받는 이러한 삶의 고리를 끊어내기 위해선 일차원적인 '혼자 생존'이라는 생각에서 벗어나야 한다.

어떤 것이 나를 위한 일인지를 질문하기보다는 어떤 것이 모두를 위한 일인지에 대한 질문을 던질 때 다음 단계로 나아갈 수 있다. 상처를 받지 않으면 가해자는 없는 것이다. 상처를 주지 않으면 피해자 또한 없는 것이다. 예상치도 못한 연락을 통해서 그 상처를 다시 한번 들추게 되었고, 그 친구를 용서해줌으로써 나의 마음은 한결 가벼워졌다. 내가 이런 말을 하니 어떤 회원님이 해줬던 말이 기억난다.

"착한 사람은 나쁜 사람이 얼마나 나쁠 수 있는지 모르고, 나쁜 사람은 착한 사람이 얼마나 착할 수 있는지 몰라요."

아픔이 담긴 말이다. 어떤 뉴스를 보면 정말 사람이 어떻게 저렇게까지 악할 수 있나 싶고 사람에게 정이 떨어지고 치가 떨릴 때도 있다. 사람에게 실망하는 순간 느껴지는 좌절감과 허탈감은 이루 말할 수도 없다. 악은 빠르게 사람을 장악하고, 우리가 그토록 바라는 '선'은 자주 좌절되고 더디고 조용하다. 그렇기에 더 힘을 내야 한다.

쉽게 용서하고 빠르게 행복해지자. 자주 웃고 박수치고 모르는 사람에게 미소 짓는 순간들을 많이 만들어가자. 조용하지만 강한 마음들이 모여 결국 '우리가 이겼다!'라고 할 수 있는 순간이 반드시 올 테니 그날을 함께 누릴 수 있기를 바란다.

맑음 쌤, 저 살아야 하는
이유를 하나 찾았어요!

내가 운영하는 요가원은 성인부터 다닐 수 있는데 11월 어느 날 이런 연락이 왔다.

- 안녕하세요, 선생님. 저는 고등학교를 자퇴하고 검정고시를 준비하고 있는 열아홉 살 학생입니다. 혹시 열아홉 살은 수업 신청을 못 한다는 것을 알지만 한번 부탁을 드려보아도 될까요?

청소년은 절대 받지 않는다는 기준이 있었기에 지금까지는 연락이 와도 정중히 거절을 해왔지만, 간결하고도 간절한 그 연락에서 나는 무언가를 느꼈다. 두 달 뒤엔 성인이 되는 이 친구를 만나봐야겠다는 생각이 들어 수업 신청을 받아주었고, 그렇게 만나게 된 친구는 무릎도 못 꿇을 정도로 몸이 망가져 있었다. 예상치 못한 몸 상태에 이제야 하는 말이지만 정말 많이 당황했었다.

 그렇게 새로운 수업이 시작되는 첫날, 그 친구와 함께 차담을 하면서 자퇴를 한 이유를 물어봤는데 생각지도 못한 답을 듣게 되었다. 사실 속으로 왕따나 학교 폭력 같은 이유를 생각하고 있었는데, 사는 게 너무 재미가 없어서 학교를 그만두었다는 것이다. 친구들과 놀이공원도 가고, 학교 앞 분식집에서 떡볶이도 먹으며 하루하루 평생을 살아가게 할 추억을 만들기에도 바쁠 시간에 인생이 재미가 없다니…. 왜 벌써 이런 마음을 갖게 되었을지, 이 친구의 인생도 참 고달팠겠구나 싶었다.

 첫 수업이 끝나고 그 친구를 따로 불러 몸 상태에 대해 조심스럽게 물어보았다. 그리고 한 번 더 가슴이 철렁하는 대답을 듣게 되었다. 살고 싶지 않아서 아파트 건물에서 뛰어내렸다고, 그런데 한 번에 죽지를 못하고 골반과 하체 쪽 뼈들이 다 부서져서 수술을 받았다고 말했다.

 상상도 못한 대답에 너무 놀란 동시에 내가 감히 헤아릴 수조차 없는 마음이라는 생각이 들어 한동안 두 손에 찻잔만 잡은 채 정적이 이어졌다. 사실 속으론 '과연 내가 이 친구에게 해줄 수 있는 게 있을까? 이 친구의 아픔을 감당할 수 있을까?' 하는 의심과 걱정을 했던 것 같다. 그리고 나도 힘든 시기를 보낸 사람으로서 그 아픔에서 벗어나기까지 누군가 도와줄 수 없다는 것을 알기에 그저 지켜봐주자는 결론을 내렸다. 그렇게 일주일에 한두 번 정도 함께 요가를 하고 차를 마시는 게 전부였지만 그 누구보다 응원하고 애틋한 마음을 보내는 사이가 되었다.

  몇 개월이 지난 2월의 어느 날, 평소와 다름없이 수업이 끝나고 회원님들 가는 길을 배웅하고 있는데 그 친구가 가지 않고 서성거렸다. 할 말이 있나 보다 싶어 잠시 차 한잔 함께하자고 했더니 그 친구는 기다렸다는 듯이 자리를 잡았다. 둘만 남은 요가원에선 물 끓이는 소리만 가득할 뿐 누구 하나 먼저 입을 떼지는 않았다. 그렇게 차를 따라주니 조심스럽게 "선생님 저 살아야 하는 이유를 하나 찾았어요!"라고 말해왔다. 너무 기쁜 마음에 그 이유가 뭐냐고 물어보니 이곳에서 요가하는 거라고 답했다.

  그 대답이 고마우면서도 마음이 참 아파왔다. 이리도 아름다운 세상에서 살고 싶은 이유가 그저 여기 와서 이렇게 한 시간 동안 요가하고 차를 마시는 거라니…. 당장 두 손을 잡고 나가서 내가 매일 마주하는 세상의 아름다운 것들을 잔뜩 보여주고 싶었지만 차마 그러지 못했다. 세상의 행복과 아름다움은 직접 겪어보지 않고는 절대 자신의 것으로 만들지 못한다는 것을 아주 잘 알고 있으니까. 그렇게 살아야 하는 이유를 하나씩 늘려가보자는 대답과 함께 다시 정적 속에서 차를 마실 뿐이었다.

사실 그때 내가 말하지 않은 게 하나 있다. 내 눈에는 왠지 모르게 그 친구의 새로운 시작이 보였다. 유일하게 찾은 살아갈 이유, 그 하나로부터 시작되어 다른 아름다운 것들을 받아들일 용기와 행복을 온전히 만끽할 수 있는 마음이 커져가리라 생각했다. 그 친구가 곧 맞이할 봄, 세상의 아름다움들을 이야기할 때가 가까워지고 있다는 것을 분명히 느꼈다.

행복은 눈앞에 한 번에 나타나지 않는다. 이렇게 하나씩 찾아가는 것이다. 그것들이 쌓여 우리가 살아갈 이유를 더욱이 단단하고 견고하게 만들어준다. 그러니 우리는 작디작은 한 걸음이라도 내디딜 수밖에.

질문의 오류

우울증에 한창 빠져 있을 때 스스로에게 가장 많이 던진 질문이 바로 '왜 살아야 하는가?'였다. 사는 이유를 아무리 찾아봐도 결코 답이 없는 질문이었다. 어떤 방법으로 우울증을 극복했는지는 몰라도 확실한 건 정말 서서히 나아졌다는 것이다. 나를 사랑해주는 사람들로 인해 나도 나를 사랑할 수 있게 되었고, 결국 이렇게 행복을 말할 수 있는 사람이 되었다.

그리고 이제는 '왜 살아야 하는가?'가 아니라 '어떻게 살아야 하는가?'라는 질문을 던져야 함을 깨달았다. 우리는 살아가는 동안 정답이 없는 질문을 스스로에게 던질 때가 많다. 하지만 답이 없기에 그 질문 안에서 허우적대다가 길을 잃고 결국 마음까지 잃게 되기도 한다.

  요가원을 꽤 오래 다닌 회원님 한 분이 최근 이집트로 한 달간 여행을 다녀왔다. SNS에 올라오는 이집트에서의 근황을 혼자 흐뭇하게 지켜보고 있었는데 나의 마음을 어찌 알고 한국에 돌아오자마자 수업을 들으러 와주었다. 그런데 여행 이야기를 하는 동안 들떠 있는 회원님의 표정 저편에 알 수 없는 공허함이 느껴졌다. 그래서 80분이 넘는 수업을 끝내고 둘이서 다시 차담 테이블에 앉아 이야기를 이어갔다.

  회원님은 이집트는 너무 재미있었는데 내일이면 대학교 개강이어서 학교에 가야 한다는 사실이 너무 막막하다는 말을 했다. 앞으로 어떻게 살아야 할지 모르겠고 뭘 하며 살아야 할지도 모르겠다고 했다. 여행을 다녀와본 사람이라면 여행 후유증을 잘 알 것이다. 그런데 그 회원님의 말을 한참 듣고 있으니 뭔가 이상했다. 질문이 잘못됐다는 느낌이 딱! 들었다. 그런 내 생각을 있는 그대로 말했다.

  "질문을 잘못 던진 것일 수도 있어요. '앞으로 무엇을 해야 하지?'가 아니라 '지금 내가 무엇을 하고 싶긴 한가?'라는 질문을 던져보는 건 어떨까요?"

  한번 생각해보자. 내가 지금 아무것도 안 하고 싶은 상태인데 자꾸 스스로에게 '난 뭘 해야 하지?'라고 물으면 답은 절대로 나오지 않는다. 그럴 땐 내 상황에서 한 발자국 떨어져 조금 더 현실적이고 객관적으로 바라볼 필요가 있다. 앞으로 뭘 해야 할까 하는 질문보다 더 깊이 들어가 '내가 지금 무엇을 하고 싶긴 한가?'라는 질문을 하면 'Yes' 또는 'No' 둘 중 하나로 답이 나올 것이다.

한국 사람들은 참 급하다. 요즘엔 스물다섯 살만 넘어도 하고 싶은 걸 못 찾거나 직장이 없으면 늦었다고 이야기한다. 그러니 대학 졸업 전에 빨리 할 일(특히 직업적으로 할 일)을 찾고, 앞으로 어떻게 살아갈지를 정하려고 머리를 싸맨다.

그런데 우리 모두 전혀 늦지 않았다는 걸 알고 있지 않은가? 우리 엄마는 50세가 넘은 어느 날 갑자기 떡케이크 만드는 법을 배우시더니 창업을 하셨다. 20년간 보험 일만 하던 분이 그저 하고 싶은 게 생겼다는 이유만으로 새로운 공부를 하고 도전을 해본 것이다.

그 누가 타인의 삶에 늦었다, 이르다 논리 없는 잣대를 내밀 수 있을까? 이집트에 다녀와서 다시 돌아갈 대학 생활이 걱정이라던 회원님에게 나는 그냥 놀아보라고 말했다. 스물이든 서른이든 마흔이든 나이는 중요하지 않다. 지금 하고 싶은 것을 위해 살아가면 그뿐이다. '내가 무엇을 하고 싶긴 한가?'라는 질문에 "Yes!"라는 확신에 찬 답이 나올 때 비로소 '앞으로 무엇을 해야 하는가?'에 대한 답도 할 수 있다.

하고 싶은 게 산더미처럼 쌓여 있었던 내가 우울증에 걸리고 백수로 살아가던 당시 요가를 만나게 되었고, 요가를 하면서 얻었던 위로를 또 다른 누군가에게 전해주고 싶은 마음에 요가 강사의 길을 택했다. 이제 드디어 무언가를 할 수 있겠다는 생각이 들고 나서야 '앞으로 무엇을 해야 하는가?'라는 질문의 답을 찾아갈 수 있었다. 그렇게 요가 지도자 수업을 듣게 되었고 결국 지금의 맑음이 되었다.

스스로에게 던지는 질문에 답을 찾지 못해 막막한 시기가 이어지고 점점 지쳐가고 있다면 내가 질문을 잘못 던지고 있는 건 아닌지 한번 생각해보길 바란다. 질문만 조금 바꿔도 예상치 못한 답을 찾게 될 수 있다. 당신에게 지금 필요한 질문을 찾고 나아가 그 답을 찾는 날까지 나는 내 자리에서 당신을 응원하고 있겠다.

우리 딸,
똑똑한 줄 알았는데 바보였네

20대 초반, 약속이 잡히면 통장 잔고를 확인하던 날들이 있었다. 나가기 전엔 늘 잔고를 확인하고 이번 달 생활비를 계산해야 했다. 돈은 없고 꿈만 가득하던 때였다. 참 팍팍했던 시절을 지나 어느 정도 돈을 벌기 시작하면서부터 필요 이상의 돈을 벌 땐 일정 부분 기부를 하기로 마음 먹었다. 내게 필요한 만큼보다 더 많은 것을 취하게 된다면 꼭 사람들과 나누며 살아가자는 생각이 있었기 때문이다.

작게 시작한 사업이 갑자기 잘되면서 생각지도 못한 목돈이 생기게 되니 사실 처음엔 조금 무서웠다. '이참에 기부를 해보자!'라는 생각을 하고, 많은 사람들의 관심과 사랑이 담긴 돈이니만큼 기부처를 알아보는 것부터 금액을 정하는 것까지 정말 까다롭게 알아보았다. 이 단체는 이래서 싫고, 저 단체는 저래서 싫고…. 그렇게 힘들게 기부처를 정하고 나서 딱 기부만 하면 되는 단계였는데 며칠 동안 찾느라 고민한 건 까맣게 잊기라도 한 듯 마지막 클릭 앞에서 망설여지는 내 모습을 발견했다. 누군가에겐 '겨우'일 수도 있지만 나에겐 여전히 큰돈인 100만 원이라는 금액 앞에서 다시 처음으로 돌아가 기부가 최선일지 고민하는 나 자신이 미워졌다. 타인을 돕겠다는 마음과 세상은 나누며 살아야 돌아간다는 신념으로 여기까지 왔는데 금액 좀 커졌다고 이렇게 쉽게 흔들릴 일인가 싶었다.

 나는 돌덩이처럼 무거운 신념을 가졌다고 그렇게 자부했는데 마지막 클릭 앞에서 종잇장처럼 가벼워지다니. 시소에 앉아 한껏 높게 올라간 반대편 의자를 올려다보고 있는 기분…. 허망과 실망 그 사이. 사람은 어째서 이토록 모순적일까? 시작과 끝은 왜 항상 다를까? 마음은 어째서 늘 변할까? 이런 질문들은 명상을 시작하고 오랫동안 답을 찾아야 했던 화두이기도 하다. 그렇게 모순된 마음을 뒤로한 채 기부를 하고 나니 역시나 하길 잘했다는 생각이 들었다.

 잠깐의 망설임은 혼자만의 비밀로 감춰두고 한참이 지나 두 번째 기부를 하게 되었을 때의 일이다. 처음보단 조금 더 빠르게 고민 없이 기부를 한 뒤 나의 모습은 처음 기부를 고민할 때보다 더 가관이었다. 전쟁 국가의 아이들을 위해 기부한 나 자신에게 자아도취되어 무아지경에 이르고 있다는 걸 자각했다. '나는 기부도 하는 멋진 사람'이라는 생각에 우쭐해 있던 것이다. 그런 내 모습을 알게 되자 두 번째로 실망했다.

타인을 돕겠다는 선한 마음으로 시작한 일의 끝이 '나는 기부하는 멋진 사람'으로 변색되고 있다. 자아도취하여 자만하고 있는 내 모습이 싫어서 기부를 멈추는 것도 웃기고, 그렇다고 이런 마음으로 계속 기부를 하자니 불필요한 자아를 키워내는 것도 처음 의도와 맞지 않는 것 같아서 좋은 일을 해도 개운하지가 않았다. 그러던 어느 날 인상을 잔뜩 쓴 채로 방에서 명상하고 있는 나를 본 엄마가 이렇게 물었다.

"마음 편하려고 하는 명상인데 그렇게 인상을 잔뜩 쓰고 할 거면 왜 하고 있어?"

엄마의 물음에 나는 허심탄회하게 고민을 털어놓았다. 그런데 아이러니하게 명상을 하면서도 전혀 답이 보이지 않았던 고민이 입으로 소리 내어 말하며 그 말을 다시 귀로 듣다 보니 참 바보 같은 고민처럼 느껴졌다.

아니나 다를까 엄마도 내게 딱 한마디를 해주셨다.

"우리 딸 똑똑한 줄 알았는데 바보였네."

확인 사살 같은 한마디에 정신이 돌아왔다. 본래 사람은 불완전하고 불안정하게 태어나는데 완전한 생각을 하고자 했다니! 참 오만한 생각이었다.

혼자서만 하는 명상을 통해 나를 알아가는 것이 전부가 아님을 다시 한번 깨닫는다. 가끔은 누군가와 나눈 잠깐의 대화가 수십 번의 명상보다 더 명쾌한 답을 주기도 한다. 내 안으로만 파고 들어가는 생각을 환기하고 끄집어내야 할 때도 분명히 필요하다. 엄마와의 대화로 한결 마음이 편해졌다. 기부를 시작했던 마음도, 고민하고 흔들리던 마음도 결국 다 내 마음이고, 그런 모순된 모습까지 전부 다 나라는 사실을 알게 되었다. 이렇게 나는 매일 다양한 방법으로 또다시 나를 알아간다.

'나'라는 사람

나의 모든 단점을 늘어놓아보겠다.

나는 불완전하다.
나는 불안감에 휩싸여 있다.
나는 삶에 자주 좌절한다.
나는 덜렁댄다.
나는 실수가 잦다.
나는 생각이 많다.
나는 잠을 못 잔다.
나는 우울에 자주 잠식된다.

나는 눈물이 많다.

나는 슬픔을 자주 느낀다.

나는 사람들이 싫다.

이렇게 나의 단점들을 늘어놓았다. 그럼 이제 나의 장점도 말해보겠다.

나는 불완전하다.

나는 쉽게 용기를 낸다.

나는 현재를 즐기는 법을 안다.

나는 마음의 중심을 잘 잡는다.

나는 도전을 좋아한다.

나는 상상을 잘 한다.

나는 행복을 잘 느낀다.

나는 우울을 이겨내는 방법을 안다.

나는 아주 잘 웃는다.

나는 공감을 잘한다.

나는 사람들이 좋다.

우리 모두는 불완전하기에 유일하다. 모든 것이 모순되기에 더 값지다. 단점이라고 생각했던 내 모습들이 생각해보니 단점이 아니었다. 그런 모습들 덕분에 내 삶의 순간순간이 더욱 빛나고 있으니까!

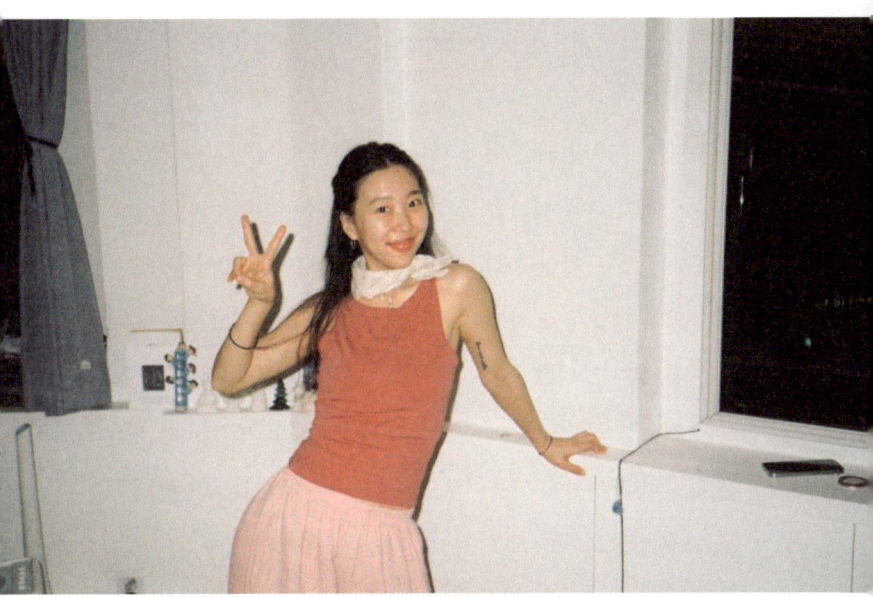

잘 배운 다정함

 나는 여태껏 잘 배운 것이 하나도 없다고 생각할 때가 많았다. 누군가가 내게 뭔가를 '잘한다'고 말해주면 우쭐거리고 뿌듯해지는 것은 사실이지만, 떳떳하게 그 말들을 받아들여본 적은 많지 않다. 요가를 잘하는 것, 말을 잘하는 것, 글을 잘 쓰는 것. 살다 보니 보고 듣고 느끼는 것에서 나오는 경험적 바탕이 어떠한 면을 뛰어나게 만들어주기도 하고 또 어떠한 면을 완전히 포기하게 만들기도 했다. 지금 누군가가 보기에 잘하는 것처럼 보이는 모든 것이 실은 아마추어가 곁눈질로 누군가의 것을 베끼다 운 좋게 타이밍이 맞아떨어져 타인이 보기엔 꽤 그럴싸해 보인 것이라고 생각했다.

스무 살이 되어 세상이라는 전장에 딱 내던져졌을 때, 손에 들린 무기가 초라한 단검 하나밖에 없는 그런 기분이었다. 지금껏 필요한 모든 것을 준비해왔다고 생각했는데 손에 쥔 거라곤 겨우 그뿐이었던 것이다.

초등학교 시절엔 친구들을 잘 사귀는 방법이 필요했고, 중학교 땐 성적과 등수에 휘둘리지 않고 나의 감정을 유지하는 법이 절실했으며, 고등학교 땐 성인이 된 이후의 적나라한 현실을 알려주는 어른이 일생을 좌우할 수 있다는 것을 깨달았다. 생각해보면 공부 말곤 그 어떤 것도 제때 배운 적이 없어서 인간관계를 맺고 일을 하는 데 있어 늘 불안하고 초조했던 것 같다. 사소한 행동을 할 때조차 마음속으로 제때 배우지 못했다는 결핍이 타인에 대한 자격지심을 만들기도 했다. 마치 '넌 사람 대하는 법을 못 배운 사람이야!'라고 증명이라도 하듯이 친구는 고작 운 좋게 유치원 때부터 함께한 20년 지기 한 명이고, 중학교 때 친구는 없고, 고등학교 때 친구는 몇 명이 전부였다.

잘 배운다는 것에 대한 결핍을 인정하고, 배우지 못했다는 것을 부모님이나 선생님의 책임이 아닌 나의 탓이라고 인정하는 것 또한 꽤 오랜 시간이 걸렸다. 이러한 인정은 스물두 살기나긴 우울증에서 벗어나기 위해 했던 첫 번째 행동이면서 지금의 나를 만들어준 일등공신이기도 하다. 다른 말로는 '자기객관화'라고도 할 수 있겠다. 긍정적으로 생각해보자면 '아무것도 배운 것이 없기에 이제부터라도 온전히 배울 수 있지 않을까?' 하는 기대도 있었다.

타인을 만나고 그들에게 느꼈던 좋은 에너지와 말, 행동을 모조리 흡수하는 것에서 시작한 배움은 자격지심을 없애고 나서야 비로소 보이기 시작했다. 참 예쁜 말들과 새삼 어떻게 이렇게까지 다정할 수 있을까 하는 행동들 그리고 말과 행동 없이도 느껴지는 고요하지만 따뜻한 에너지 같은 것들은 이루 말할 수 없을 정도로 강력한 삶의 원동력이 되어주기도 했다.

그것들을 발견하는 동안 나는 요가 안내자가 되었고, 스쳐 지나간 사람들에게 배운 대로 또 공부한 대로 표현하기 시작했다. 그렇게 지금의 맑음이 되었다. 어쩌면 지금껏 배운 것을 한마디로 정리한다면 '표현하기' 그뿐이다. 얼마나 많은 이가 아름다운 눈동자를 가졌는지, 고운 피부를 가졌는지, 마음을 울리는 목소리를 가졌는지, 타인을 보며 한 번쯤은 떠올렸던 생각들을 입으로 뱉는 것, 그것이 고운 인간관계의 키포인트가 아닐까? 한 사람 한 사람이 가진 고유한 모습을 그저 알아주고 말해주는 것, 그 다정한 힘 말이다.

얼마 전 한 회원님이 스승의 날을 맞이해 중국 칭다오 공장에서 바로 담은 칭다오 맥주를 선물해주셨다. 선물과 함께 주신 편지에는 이런 문장이 쓰여 있었다.

> 이제 매주 요가원에 오는 날이 기다려질 것 같아요. 선생님의 그 잘 배운 다정함이 담긴 수업 때문에요. 저의 작년 12월 소원은 '내년에는 행복하게 해주세요!' 딱 하나였어요. 제 소원의 응답처럼 만난 선생님! 고맙습니다. 오래 봐요, 우리.

잘 배운 다정함이라니! 마치 여태까지의 내 노력을 알아주며 지금까지 정말 수고 많았다고 이야기해주는 듯했다. 잘 배운 척이 아니고, 남의 것을 베낀 것이 아니고, 이제야 나의 것이 되었다고 말할 수 있게 된 느낌이었다. 늘 인간관계 안에서 눈치만 보며 배려하고 행동해오다 지쳤을 때 가식적인 모든 관계를 포기하고 처음부터 다시 쌓자고 용기를 냈었다. 잘하고 있는 건지 스스로에 대한 의심이 생길 때도 많았지만, 결국 지금 주위를 둘러보니 진정으로 나를 아껴주고, 또 내가 아끼는 사람들이 내 주변에 있었다. 그들을 위해 감히 목숨조차 내어

줄 수 있는 소중한 나의 사람들.

  이제는 그런 날들이 있다는 것을 안다. 나를 의심하고 타인을 미워하고 과거를 자책하고 후회하는 그런 날들. 다만 그것을 가만히 바라보고 있다 보면 기회의 틈이 보이기도 한다. 잘못 쌓아 올린 나의 자아를 인정하고 부술 수 있는 용기를 가진 자만이 또 다른 세상을 볼 수 있다는 것도 이제는 안다.

  이젠 오랜 벗이 겨우 한 명 있는 것이 아니라, 한 명이나 있다는 그 기적적인 사실에 매일 밤 감사한 마음으로 잠에 들곤 한다. 여전히 잘 배웠다는 말 앞에 움찔하는 마음들이 존재하지만, 그마저 앞으로 더 배울 것들이 많다는 사실에 설레는 삶이다.

  '잘 배운 다정함'은 그저 타인의 아름다움을 온전히 바라보고 또 말해보는 것에서 시작된다. 어쩌면 단순하게 느껴지는 이 비밀을 알게 되고, 이젠 그 꾸밈말에 겁먹지 않기로 했다. 배우면 다 배워지고, 하면 다 할 수 있다는 걸 이제는 아니까!

나의 예민함은
사랑을 위한 것일지도 몰라

 나는 감각이 하도 예민한 탓에 요가원에 올 때는 향수 뿌리는 것을 금지하고 있는데, 여태껏 유일하게 향수를 뿌려도 괜찮다고 말씀드린 회원님이 한 분 있다. 죽음이 뭔지를 자주 생각한다던 그 회원님은 요가원 초창기부터 반년 동안 월요일, 수요일마다 함께했는데 그 회원님이 오면 탈의실에서부터 향기가 났다. 정신없이 하루를 지내다가도 그 향기를 맡고는 오늘이 월요일이구나, 수요일이구나, 하고 알 수 있었다. 첫 수업이 끝나고 회원님이 정말 장문의 메시지와 함께 돌아가는 길에 찍었다는 밤하늘의 달 사진을 보내준 적도 있다. 그때 인연의 소중함을 아는 사람이라는 생각도 들었다.

그렇게 요가 수업으로 인연을 이어가던 중에 회원님은 요가 강사의 길을 걸어보고 싶다며 요가 자격증을 따기 위해 잠시 헤어지게 되었다. 고마우면서도 아쉬운 마음으로 잘 지내다 만나자는 약속과 함께 인사를 했다. 한동안 만나지 못했던 회원님이 최근 주말 원데이 수업을 듣고 싶다며 연락이 왔길래 반가운 마음으로 곧 만나자고 답장했다. 그 회원님과 함께 수업을 듣고 서로의 안부를 묻던 월수반 회원님들에게 자랑을 하며 한 주를 기다렸고, 드디어 주말이 되어 참으로 반가운 인사를 할 수 있었다. 토요일 반 회원님들에게도 주책맞게 자식 자랑을 하듯 "이분은 나에게 너무 소중한 회원님이셨어요." 하며 이야기를 하는데, 요일을 알려주던 그 향기가 훅 코끝에 스쳤다. 나도 모르게 울컥하는 마음으로 열리는 문을 바라보니 "역시 선생님 향기 맡고 우실 줄 알았어요. 뿌릴까 말까 고민했는데."라고 말하며 웃는 그녀가 보였다.

향기라는 것이 참으로 희한하다. 어떤 기억을 마치 마법이라도 부린 듯 머리보다 마음이 먼저 알아차리게 한다. 누군지도 모르는 요가 강사의 시작을 믿고 함께해준 고마움과 꽤 지나 있는 시간이 스쳐 지나가는 듯 두 눈에 눈물이 차오를 수밖에 없었다. 사실 더 고마운 건 향을 맡고 우는 게 주책 맞다고 생각한 게 아니라 이미 집에서 출발할 때부터 같은 생각을 하고 있었다는 점이었다. 향 자취의 뒤늦은 그리움을 아는 사람과 함께 수업을 했다니! 이런 인복이 또 있을까 싶었다.

이런 '향 자취'를 따라가다 보면 그녀뿐만 아니라 함께 떠오르는 얼굴들이 참 많다. 한 사람 한 사람 그들만이 가지고 있는 고유의 향과 에너지들을 문득 마주할 때면 그들과 함께했던 계절의 향기와 그날의 이야기들까지 몇 초도 안 되는 사이 파노라마처럼 쓱 스쳐 지나간다. 찰나의 순간에 짧지만 강렬하게 그들의 안녕을 기도하며 또 한 번 이 공간에 감사하게 된다. 공간이 있기에 우리가 만나고 헤어지고 또 다시 만날 수 있는 거니까.

서로에 대한 응원과 애틋함으로 가득한 날에는 나의 예민한 촉각, 시각, 청각, 후각… 그 모든 감각이 결국 타인을 사랑하기 위해 존재하는 것이 아닐까 하는 생각도 든다. 사랑하는 것들을 더 많이 기억하고 마음속에 담아두라는 신의 선물이지 않을까 하는….

자기 결정권

 현대 사회에선 공황장애나 우울증이 감기같이 흔한 것이라고 할 정도로 주변에 심리적 아픔을 겪고 있는 사람들이 많이 있다. 특히나 회원님들을 위로하는 영상으로 유명해진 요가원 덕에 새로 수업을 시작할 때마다 위로를 받고 싶어서 오는 회원님들이 꽤 많다.
 한번은 조울증을 앓고 있다는 회원님이 왔다. 그 회원님은 미래에 대한 불안이나 걱정은 없는데 사는 게 그냥 재미가 없다고 했다. 그런 상태가 계속 이어져 병원에 가봤더니 의사 선생님께서 조울증이라며, 조울증이 있는 사람은 신나거나 행복할 때 에너지를 다 써버리게 되니까 우울할 때보다 기쁠 때 너무 들뜨지 않게 조심하라고 말해줬다고. 회원님은 그 이야기를 듣고 나서 행복할 때마다 신경이 쓰인다고 했다. 신나고 즐거운 상황이 와도 그렇지 않는 척, 행복하지 않은 척을 하면서 기분을 조절하게 된다고도 했다.

그래서 내가 물었다. "그럼 우울할 때도 더 우울하지 않으려고 조절하세요?" 그랬더니 회원님은 고개를 저었다. 나도 모르게 회원님 기분을 생각하지 못하고 "그게 뭐예요."라는 말을 뱉어버렸다(가끔 내가 심리상담사가 아니라는 사실이 감사할 때가 있다). 의사 선생님께서 행복할 때 조심하라고 했다고 그것만 신경 쓰고 있었다니…. 모르긴 몰라도 아마 의사 선생님께서는 정말 많은 이야기를 하셨을 텐데 회원님께서 꽂힌 말이 바로 저 한마디였을 것이다. 나는 회원님이 이해한 게 과연 맞는 것 같냐고 다시 물었다. 그랬더니 그제야 본인의 자학을 깨닫기라도 하신 듯 울음을 터뜨렸다.

우울이라는 감정이 정말 무서운 게, 긍정의 신호를 자신으로부터 철저하게 차단시켜버린다. 이 회원님만 해도 의사 선생님은 그런 뜻으로 이야기한 게 절대 아닐 텐데 말이다. 만약 그런 뜻으로 한 말이 맞다고 해도 행복을 통제하라는 말은 잘 지키는데 너무 우울해하지 말라는 말은 전혀 신경 쓰지 않았으니까.

우울을 자주 느끼는 사람 중에서 정말로 행복하거나 기쁜 상황에 문득 '만약 이 행복이 끝나면 어떻게 하지? 안 좋은 일이 생기면 어떻게 하지?' 하고 불안을 느끼는 사람도 있을 것이다. 우울이라는 감정은 이렇게 무의식 중에 행복들을 통제해버린다. 이는 우울에 익숙해져 부정의 생각들이 습관처럼 남아있기 때문이다.

우울증은 부정의 기운이 현재 마이너스 100인 상태라면 플러스 200은 행복해야 극복할 수 있는 힘이 생기는 거라고 생각한다. 그 회원님에게 조언 아닌 조언으로 행복에 미쳐보라고 말했다. 남들이 보기에 '저 사람, 조금 미친 것 같은데?'라고 생각할 만큼!

내가 우울증을 극복하기 위해 했던 많은 노력 중 아직도 기억에 나는 것이 있다면, 비가 폭포처럼 떨어지는 태풍이 오던 날 남산으로 올라가는 오르막길에 대자로 누워서 계곡물처럼 떠내려오는 물에 몸을 푹 담근 것이다. 지나가는 사람도 없고 차도 다니지 않는 길이니 얼마든지 마음껏 누워 있을 수 있었다. 이야기만 들으면 미친 것 같겠지만 뭐 어떤가? 누군가에게 피해를 주는 일도 아닌데, 좀 미친 사람처럼 보이면 그만이다.

그 기억이 여태껏 나를 살게 하는 추억 중 하나가 되어주었으니 또 하라고 해도 기꺼이 할 수 있다.

말도 안 되게 끝없는 우울과 슬픔이 내 안에 존재하는 것처럼 끝없는 평안과 기쁨도 내 안에 존재한다는 사실을 믿길 바란다. 그리고 그 샘물을 계속 찾아 나서야 한다. 알다시피 삶에서 값진 것들은 발견했을 때 배로 행복하라고 꽁꽁 숨겨져 있다. 당신의 보물찾기를 진심으로 응원한다. 마음만 먹는다면 넘쳐나는 금은보화를 발견할 수 있을 것이다.

나를 지켜주는 커다란 '백'은

 중학생 시절 학교에서 왕따를 당할 때 '왜 나는 무서운 일진 언니가 없을까?' 하며 흔히 말하는 큰 '백'을 바랐었다. 나약한 마음일 수도 있으나 나는 항상 내게도 커다란 백이 있으면 좋겠다고 생각했었다. 그 누구도 나를 괴롭히거나 힘들게 하지 못 하도록 막아줄 수 있는 아주아주 커다랗고 범접할 수 없는 힘 말이다.

 그런데 시간이 지나면서 사람들은 그런 힘을 '힐링, 치유, 회복탄력성'이라고 말한다는 걸 알았다. 내가 무너져도 다시 일어날 수 있게 해주는 무언가, 그 무언가를 찾기만 한다면 이 삶을 살아가는 데 필요한 가장 든든한 백을 갖게 될 수도 있겠다는 확신이 들었다. 그때부터 삶에서 나를 일으켜주는 것들을 찾아보기 시작했다. 결국 무너져도 다시 일어날 수 있는 힘을 찾기 위한 것이기에 '나는 언제 가장 행복한가?'라는 질문보다는 '나는 언제 가장 평안한가?'라는 질문이 더 알맞다는 생각이 들었고, 그 질문에 대한 답을 고민했었다.

대답은 꽤 빨리 찾을 수 있었는데, 그 대답을 찾는 순간에도 나는 대답 속에 있었기 때문이다. 예상이 가는가? 그 답은 바로 자연, 조금 더 구체적으로는 나무와 함께할 때였다. 나는 어렸을 때부터 보호수를 찾아가 인사하는 것을 좋아했다. 높이도 둘레도 내 몸의 몇 배가 넘도록 커다란 나무를 보면 왜인지 포근했고, 변화무쌍한 세상 속에서도 그곳을 지키고 있었을 시간을 돌아보자면 나무의 지혜가 나를 지켜줄 것 같았다. 한 달 뒤에 가도, 1년 뒤에 가도, 10년 뒤에 가도, 그곳을 지키고 있을 나무들은 이 땅의 기억을 온전히 담고 있을 거라는 생각을 하며 나무를 안고 있으면 나도 나무의 일부가 되는 듯한 느낌에 다시 한번 두 다리를 꼿꼿이 세워 세상을 살아갈 힘을 얻곤 했다.

사람들은 힘들거나 지칠 때 바다를 보고 싶다거나 숲을 걷고 싶다는 이야기를 많이 한다. 그 이유에 대해 대부분 "기분이 좋아지니까."라고 대답하는데, 사실 더 깊이 들어가서 생각해보면 우리도 자연의 일부이기 때문이지 않을까 싶다. 귀소본능이라고 해야 할까? 태초의 인간들이 처음으로 눈을 떠 세상을 바라보았을 때 눈 앞에는 새하얀 구름이 있었을 테고, 갈리지 않은 땅과 돌 위를 걸었을 테고, 멀리서 불어오는 바람이 어디에도 걸리지 않고 양손 끝을 스쳐 갔을 것이다. 그런데 세상이 발전하고 건물이 생겨날수록 자연이라는 상태와 멀어져갔을 것이다.

우리가 잠을 자고 밥을 먹고 화장실을 가야 하듯, 하늘과 바다를 보고 땅을 밟고 숲이 주는 맑은 공기를 마시며 가끔 나무와 깊은 포옹을 하고 대화를 나눠야 하는데 그걸 못하고 있는 것이다. 우리에게 진정으로 필요한 것이 무엇인지를 아무도 알려주지 않았으니 아무도 모르는 게 당연할지도 모르겠다.

누가 내게 "너는 나중에 어디에 살고 싶어?"라고 물으면 나는 본능적으로 강이 보이는 곳, 바다가 보이는 곳, 숲이 가까운 곳, 해가 잘 드는 곳, 큰 나무가 보이는 곳이라고 대답한다. 그래서 나는 마음이 갑갑하다는 회원님을 만나면 숲으로 가라고 자주 권한다. 나 또한 몇 년이고 이유 없는 우울증과 공황장애를 겪어본 사람이기에, 자연이 그 마음의 병을 낫게 해줄 수 있는 치유제라는 걸 자신 있게 말할 수 있다. 물론 숲 한 가운데 집을 짓고 살지 않는 이상 완벽하게 나아질 순 없을지도 모른다. 다만 조금의 평안함을 누릴 수는 있을 것이다. 지금 어둠 속을 홀로 걸으며 답을 찾지 못한 누군가에게 나무의 포근함과 지혜로움이 어떤 답이 될지도 모르겠다.

숲으로 가보자. 당신이 태어난 곳으로 가 치유를 받는 것이다. 결국 언제나 그랬듯 또다시 우린 자연으로부터 도움을 받을 것이다. 세상에 태어나자마자 타지 생활을 시작해버린 당신과 내가 참 안타깝지만, 이제 우린 진정한 고향을 알게 되었으니 그것만으로도 이번 생을 살아가는 데 많은 도움이 되지 않을까? 당신과 나의 고향이 같기에 언제나 같은 마음으로 위로를 보낸다. 나는 이미 당신의 가장 큰 백이 나의 백과 같다는 사실만으로도 위로를 받고 있다.

서울에 사는 시골 사람

나의 부모님은 아주 어렸을 때부터 해방촌이라는 작은 동네에 사셨다. 그러다 작은 성당에서 만나 연애를 시작하셨고, 엄마가 오랫동안 멕시코로 일하러 가셨을 때도 헤어지지 않고 결국 결혼까지 성공하셨다. 내가 지금 살고 있는 집이 엄마가 초등학교 때 살았던 바로 그 집이다.

후암동과 해방촌, 이곳은 서울의 가장 중심지에 있지만 '시골' 같은 느낌이 드는 참 특이한 동네다. 지금이야 갑자기 경리단길과 신흥시장이 유명해져서 사람이 많아지고 그에 따라 잘사는 동네처럼 보이지만 사실상 10년 전만 해도 '못사는 동네'라는 인식이 있었다.

후암동에서 해방촌으로 주소지가 넘어가는 딱 그 사이에 있는 어린이집부터 아빠 때부터 초등학교는 후암동, 중학교는 해방촌 그러니 이 동네는 걸어다니기만 해도 서로가 서로를 아는 그런 동네다. 앞집, 옆집, 옆 동네까지 학연, 지연, 혈연 그리고 조기축구로 다져진 동네. 부모님과 함께 산책을 나가면 꼭 멈춰서 인사하는 한두 명이 어디선가 나타났다.

그래서인지 어렸을 때부터 모르는 사람들의 정을 먹고 자랐다. 모르는 할머니가 쑥을 캐고 있을 때 넉살 좋게 그 옆에 앉아 쑥버무리 하실 거냐고 자연스럽게 말을 꺼내고, 골목에서 김장을 하고 계시면 "와, 맛있겠다!"라며 기어코 한입 얻어먹고 오는 아이가 되었다. 그렇게 이 동네가 나를 먹이고 키우고 넉살 좋은 사람으로 만들었다. 타지로 고등학교를 가기 전까진 모든 사람이 그렇게 자라는 줄 알았다. 나의 넉살을 다른 사람들은 '오지랖'이라고 부른다는 것을 고등학생 때 알게 되었고, 스무 살이 넘은 뒤 마주한 모든 사회가 너무나 차갑고 이기적으로 보였다.

삭막한 사회에 살다 요가를 시작할 때쯤 해방촌에서 카페를 시작하고 식당을 차린 분들을 만나게 되면서 왜 해방촌에 가게를 차렸는지 물었다. 그들은 이곳은 서울의 중심인데 시골 같은 참 이상한 곳이라는 모두 같은 답을 내놓았다. 그 대답들이 쌓이니 나에 대한 사실을 하나 알 수 있었는데, 그건 바로 나는 '서울에 사는 시골 사람'이라는 사실이었다.

아웃사이더 같은 느낌이 들 때마다, 나의 행동을 누군가가 오지랖으로 보고 있다는 눈빛을 알아차릴 때마다, 나는 내가 잘못 컸다는 생각을 했다. 하지만 결국 지금 내 곁에 있는 사람들은 모두 그 오지랖으로 얻는 나의 사람들이다. 잘못됐다고 틀렸다고 생각했던 나의 성격을 끝내 버리지 못하고 살아가다 보니 그것을 알아봐주는 사람들이 생겨났다. 회원님뿐 아니라 회원님의 부모님 안부까지 궁금한 나의 오지랖 넓은 이 성격 덕분에 지금 내 곁에 있는 사람들은 반문으로 나의 부모님 안부까지 물어보는 '나 같은' 사람들이 모였다.

어쩌면 사회 안의 왕따들일 수도 있다(회원님들이 이 글을 읽고 뭐라고 할지도 모르겠다). 그럼에도 나는 더 많은 왕따들을 찾아내고 싶다. 옆집 할머니의 손맛을 알고 있는, 쑥 캐는 날이 언제인지 알고 있는 그런 사람 간의 정의 맛을 알아버렸는데, 이제는 찾아볼 수 없어 무언가 공허함 속에 살아가고 있을 왕따들을 말이다. 회원님들과 이야기를 할 때면 문득 생각나는 허황되지만 가슴이 뛰는 꿈 하나가 있다. 내가 먼저 시골에 내려가 살고 있을 테니 한 명씩 내려와 '맑음마을'을 만드는 꿈이다. 나는 완벽히 자연에 살고 싶은 사람이지만 가끔 아주 가끔 사람이 그리워지고 수다도 떨고 싶을 게 분명하다. 삶이 심심할까 봐 시골로 선뜻 못 내려가고 있는 사람들이 많을 테니 내가 먼저 가 그들을 맞이한다면 한둘씩 따라와주지 않을까 하는 기대를 종종 해본다. 마을을 만들어 살다가 정해진 시간에 만나 차도 한잔 마시고, 각자 다시 집으로 돌아가 일도 가고, 산책도 하고, 책도 보며 각자의 삶을 살아가는 그런 시골 마을을 만드는 것, 그것이 커다란 나의 꿈이다.

밑지는 장사

 행복해지고 싶다고 하늘에 대고 기도했더니 더 많은 불행을 안겨주는 것만 같던 시기가 있었다. 내가 바라던 것과는 정반대로 힘들고 버거운 일들만 겹치니 다시 일어설 힘도 나지 않았다. 한창 우울했던 어느 날에는 식탁에 앉아 커피를 한잔 마시고 있는 엄마 앞에서 별의별 신나는 노래를 틀어놓고 막춤을 추며 울었던 적도 있다. 마냥 웃고 싶지만 그러지 못했던 어린 시절의 날들을 떠올리면 아직도 애틋한 마음이 든다.

 요가를 시작하고 나서 깨달은 것이 있다면 이 삶은 생각보다 더 강력한 에너지로 이뤄져 있고, 그 에너지는 태어난 순간 사라지지 않는 불멸이 된다는 것이다. 즉, 긍정적이든 부정적이든 내가 뱉은 말, 행한 행동, 떠올린 생각들의 에너지가 아주 희미할지라도 늘 우리 곁을 머문다. 하물며 우리가 이 세상을 떠난다 해도 그 에너지는 이곳에 계속해서 존재한다. 어쩌면 미신 같겠지만 조상 덕이라는 말도 사실 이런 의미가 아닐까 싶다. 그걸 깨닫는 순간 내가 지금껏 뱉어온 온갖 부정적인 말과 행동과 생각들이 다시 떠올랐다.

'난 세상에서 제일 불행한 사람이야. 언제라도 콱 죽어버리고 싶어.'

'저 사람이 그냥 죽었으면 좋겠다.'

이렇게 남을, 그리고 나를 저주하는 말과 생각들로 매일 밤 만리장성을 쌓기도 했다. 그런 부정적인 말 한마디, 생각 하나를 지우려면 하루 24시간으로도 부족했다. 처음엔 "행복해, 건강해, 완벽해, 최고야." 같은 말을 습관처럼 뱉고 생각하고 자기 전에도 주문처럼 외우며 잠에 들었다. 보이지 않는 것과 심리전이라도 하는 듯 아무리 긍정적인 에너지를 끌어올려도 다 갚아지지 않는 것 같은 느낌이었지만, 죽고 나서 사후 세계가 있지 않는 이상 내가 지금껏 살아오며 만들어낸 부정 에너지는 알 수가 없기에 그저 긍정적인 생각을 더 많이, 더 강력하게 하는 수밖에 없었다.

그렇게 흘러 흘러 시작한 게 바로 기부였다. 긍정적인 에너지의 방향이 나에서 남에게로 향하기까지 몇 년이 흘렀다. 그리고 결국에는 니 자신을 위한 기도보단 남을 위한 기도의 에너지가 훨씬 더 강력하다는 것을 기부를 통해 알게 되었다. 요가복 사업을 시작하고 처음으로 기부했던 금액은 100만 원이었다. 남들이 보기엔 적은 금액일지라도 그때 당시 얼마 안 되는 순수익의 거의 전부와 다름없었다.

그저 마음을 돌려주고자 했던 기부였는데 공교롭게도 그때부터 맑음복이 잘되기 시작했다. 자체 제작 바지인 '이불바지'가 SNS에서 입소문이 나기 시작한 것이다. 이불바지의 후기로 한 아이가 이불바지를 거의 머리 끝까지 올려 입은 채로 귀엽게 춤을 추는 영상이 올라왔는데, 그 영상이 갑자기 100만 조회수를 넘기며 많은 사람들이 바지의 판매처를 궁금해했다. 지금은 조회수 850만 회가 되어가는 그 영상 하나가 한 브랜드의 판도를 바꾸게 되었고 그 일은 내가 SNS의 힘을 확실히 느끼는 계기가 되었다.

생각지 못한 돈을 버니 처음 느껴보는 경제적 자유에 대한 마음의 여유가 생겼다. 그렇게 또 한 번 용기를 내어 조금 더 큰 금액으로 기부를 하고, 구매자분들을 위한 사은품을 만들기 시작했다. 자주는 아니더라도 요가원 회원님들과 식사를 하기도 했다. 그렇게 맑음복도 요가원도 누군가 찾아주기까지는 1년 정도가 걸렸지만, 잘 해낼 것이라는 마음을 쌓고 잘할 수 있다는 말을 뱉었던 그 오랜 시간이 있었기에 사실 더 오래전부터 시작되고 있었다고 생각한다.

맑음복을 시작하고 처음 했던 기부를 생각하면서, 요즘은 조금은 손해 보는 것 같은 마음으로, '밑지는 장사'를 해보려 한다. 가진 게 없을 때도 "감사하다, 행복하다."는 말을 먼저 해보는 거다. 그러면 말의 에너지는 강력해서 정말 그 말대로 감사하고 행복한 일들이 찾아온다.

선행과 선의도 마찬가지다. 그것들은 닳지 않는 영원한 선이다. 마음을 베풀고 말을 전하는 것에 주저하지 말자. 내가 가지고 있는 것이 비록 하나여도 그것을 내어주었을 때 결국 두 배, 세 배가 되어 돌아올 것임을 나는 믿는다.

기본이 제일 어렵고,
그래서 제일 멋져

 근래 들어 바빠진 일을 핑계 삼아 매일 저녁에 감던 머리를 질끈 묶고 아침에 감아야지 하며 잠에 드는 날이 많아졌다. 한번은 아침 일찍 수업이 있어 차를 한잔하고 뜨뜻한 물에 씻고 나왔는데 몸이 너무 무거웠다. 수건으로 온몸을 닦으면서도, 드라이기로 머리를 말리면서도, 얼굴에 로션을 바르면서도 새삼 내 몸 하나 건사하기가 참 힘들구나 싶었다. 출근 준비를 하던 아빠의 뒷모습에 대고 말했다.

 "아빠, 사람들이 매일 세수를 하고 이를 닦고 머리를 감고 자기관리를 하는 게 그게 진짜 대단한 일이지 않아?"

 농담으로 흘려듣는 아빠를 바라보고 있는 내 눈은 진심으로 가득 차 있었다.

  진짜로 대단한 일이다. 내 몸을 매일 씻기고 먹이고 재우고 딜래고 하는 일이 당연한 일 같지만 생각해보면 정말 멋진 일이다. 내가 나를 사랑하는 방식 중 하나이기도 하다. 요즘엔 잘하는 것이 하나도 없다고 하는 회원님들을 마주할 때면 "회원님 오늘 아침 씻으셨죠? 그게 얼마나 대단한 일인데요. 그거 했으면 다른 것도 다 할 수 있어요! 천천히 찾으면 되는 거예요." 하며 농담 반 진담 반인 대답을 하곤 한다.

  살아가면서 많은 사람들이 기본적인 일들을 가볍게 넘기는 경향이 있다. 내가 한창 수면제를 먹었던 때에 '굳이 약을 먹어야 할까?'라고 스스로에게 질문을 한 적이 있는데 '내가 지금은 잠자는 것까지 노력해야 할 정도로 힘들구나…'라는 결론이 나왔다. 누군가에겐 기본인 먹고 자고 심지어 싸는 그 모든 행위가 누군가에겐 간절한 것일 수도 있다는 걸 깨닫는 순간 그 모든 것들이 정말 대단하게 느껴졌다. 내가 정말 대단한 것들을 아무렇지 않게 하고 있다는 사실을 인지하는 순간, 잘 자고 잘 먹고 잘 싸는 것만으로도 스스로가 자랑스러워지는 것이다.

  자존감은 그렇게 키워가는 것 같다. 가장 기본적인 것들을 잘하고 있음을 인지하는 순간 나의 기반이 단단해지고 내면이 강해지고 그 어떤 외부의 공격도 잘 방어할 수 있는 능력이 생긴다.

스스로가 작고 보잘 것 없이 느껴질수록 기본적인 것에 충실해보길 바란다. 두 발로 잘 걷고, 작은 입으로 잘 먹고, 깊은 잠에 빠지는 스스로를 꼼꼼히 뜯어보며 오늘도 내가 대단한 일들을 잘 해내고 있다고 격려해주자.

원래 기본이 제일 어렵고 그래서 제일 멋진 법이니까.

헤어짐에 쿨한 사람 되기
프로젝트

회자정리 거자필반會者定離 去者必返. 불경에 나오는 내가 정말 좋아하는 사자성어로, 만남이 있다면 헤어짐이 있고, 헤어짐이 있다면 반드시 돌아온다는 뜻이다. 삶을 살아가다 정말로 소중한 사람이 나를 떠났는데 그 자리에 그만큼 소중한 사람이 새롭게 나타난 경험, 한 번씩은 있지 않을까?

'회자정리 거자필반' 내가 이 말을 좋아하게 된 계기가 있다. 나는 어렸을 때부터 지독히도 정이 많아 상대방의 의사와는 상관없이 좋아하고 혼자 상처 받고 그렇게 사람을 대하다 보니 관계에 대한 어려움을 많이 겪었다. 온 마음을 다해 '나는 당신을 좋아해요!'라고 표현해도 결국 떠날 사람은 떠나갔다.

사실 아직도 좋아하는 마음을 숨기는 방법을 잘 모르는 듯하다. '이렇게 커다란 지구에서 기적처럼 만난 당신이 너무 좋아졌어요! 우린 운명이에요.' 이런 마음이 언제나 타인을 향한 나의 진심이기 때문이다.

"아무리 좋아도 감정을 숨길 줄 알아야 해. 타인을 너무 믿으면 안 돼." 기억도 안 나는 누군가의 가르침이 늘 나를 따라다녔지만, 굳이 그 마음이 식는 것이 두렵고 누군가가 나를 싫어할까 봐 진심을 숨긴다는 게 이해가 되지 않았다.

그런데 세월이 흐르고 사람들이 하나둘 떠날수록 그 조언들이 만남에 대한 조언이 아닌 헤어짐에 대한 조언이었을 수도 있겠다는 생각이 들었다. 늘 습관처럼 사람들은 떠나는데 어쩜 이렇게 적응이 되지 않는지, 연락이 끊긴 지 10년이 지난 사람들이 마음 한편에 콕 박혀 아직까지도 나를 괴롭히곤 한다.

언젠가 관계의 어려움을 겪고 있을 때 법륜스님의 영상을 보게 되었는데, 그 영상에서 회자정리 거자필반이라는 사자성어를 말씀하셨다. 뜻을 찾아보고 지금의 인연들을 생각해보니 정말로 누군가 떠났을 때 감쪽같이 그 자리에 찾아오는 사람들이 있었다. 정말 인연의 총량이 정해져 있을 수도 있겠다는 생각이 들고 나니 여태껏 혼자 붙잡고 집착한 헤어짐이 참 부질없이 느껴지기 시작했다. 누군가와 헤어지면 다시는 그런 사람을 만나지 못할 것 같고, 새로운 만남은 이제 평생 없을 것처럼 무너지고 좌절하고 아파하고, 끝내 헤어짐의 모든 이유를 내게 돌려버렸던 지난날의 나에게 용서를 구하며 헤어짐에 집착하지 않기로 다짐했다.

요가원을 시작하면서도 가장 힘들고 두려웠던 게 바로 만남과 헤어짐이었다. 매주 보던 회원님들이 하나둘 떠날 때에도 나는 홀로 여기에 남아 그들의 오고 감을 지켜봐야 할 텐데, 그 외로움을 감당할 수 있을지 걱정이 됐다. 그래서 아무도 몰래 '헤어짐에 쿨한 사람 되기 프로젝트'를 시작했다.

"잘 가요. 함께해서 정말 영광이었어요. 행복합시다, 우리!"

처음에는 마지막 수업을 끝낸 회원님에게 이 말을 하기도 힘들었지만 이제는 환하게 웃으며 안녕을 말한다. 그러니 아무도 몰래 시작한 나의 프로젝트는 대성공인 셈! 이제는 그들의 행복을 빌어주는 것만큼 아름답고 찬란한 추억은 없음을 확실히 알았다.

예전에 함께했던 회원님들이 잘 지내는지 문득 생각이 날 때마다 "부디 행복하세요." 혼자서 조용히 속삭여보곤 한다. 헤어짐에 죽을 듯 아파하며 다시는 이렇게 소중한 사람을 못

만날 것 같고 세상이 끝난 것 같아도 그 끝을 잘 받아들인다면, 정말 신기하게도 그만큼 소중한 사람이 내 앞에 또 나타난다.

그러니 우리 이제 끝난 인연은 그만 잘 놓아주는 사람이 되자. 언젠가 또 헤어짐을 두려워하는 사람이 될 수도 있지만, 그럼에도 불구하고 나는 계속 노력할 것이다. 헤어짐에 쿨한 사람! 그런 멋진 사람이 될 것이다.

번아웃과 카야 토스트

몇 년을 열심히 살아온 덕분에 나만의 공간에서 내가 하고 싶은 요가를 하고, 만들고 싶은 옷을 만들면 감사하게도 많은 사람들이 구매해주고 있다. 꽤 많은 노력을 쏟았지만 쏟은 노력에 비해선 운 좋게 더 많은 것들을 누릴 수 있었던 것 같다. 몇 년 전만 해도 여성 의류 쇼핑몰을 하며 하루에 한 건 주문이 들어오면 기뻐하던 내가, 최근에는 매일 새벽까지 택배를 포장하며 주문이 계속 들어온다고 푸념을 늘어놓을 때가 있다는 게 여전히 참 말도 안 되는 일이라는 생각도 든다.

좌절 속에서도 꾸준히 나아갔기에 가능한 일들일 것이다. 그렇기에 나는 나아감이라는 단어의 위대함을 누구보다 강력하게 믿는다. 내가 말하는 나아감은 발전이랑은 다른 개념이다. 예를 들어 우리가 길을 걸어가면서 발전했다고 하지는 않듯이 말이다. 그게 포인트다.

요가 강사를 하기 전 나는 늘 나아감보단 발전에 집중했었다. 욕심 내서 계단을 오르듯 하나를 얻으면 두 개를 더 얻으려 하고 배움에 늘 목말라 있었다. 그러다 보니 안에 있는 에너지를 다 써버린 것이다. 그러다 하고 싶어 시작했던 쇼핑몰을 그만두었고 때마침 전에 다니던 회사에서 다시 와줄 순 없겠냐는 전화가 와서 그렇게 다시 회사를 다니게 되었다. 죽었다 깨어나도 다시 회사 생활은 하지 않을 것이라고 다짐했었는데 그 열정이 에너지와 함께 사라져버린 것이다.

그렇게 회사를 다니면서 요가 강사 일도 시작하게 되었다. 강사 자격증을 따고도 과연 내가 이것으로 평생 돈을 벌 수 있을까 하는 걱정이 있었는데, 회사를 다니고부터는 본업이 있으니 걱정 없이 하고 싶은 수업들을 적은 페이를 받으면서도 진행할 수 있었고, 그렇게 나의 이중생활이 시작되었다.

여덟 시 출근, 다섯 시 퇴근 후 한참을 달려 여섯 시 요가 수업을 시작으로 집에 도착하면 열 시가 넘는 스케줄이었지만, 요가 수업은 오히려 나에겐 회사에서 쌓인 피로를 풀어주는 감사한 시간이었다.

그렇게 1년 반 정도 수업을 하다 보니 이젠 요가 강사를 본업으로 삼아도 충분하겠다는 생각이 들었다. 많은 돈을 벌지는 못해도 충분히 행복하겠다는 확신이 섰을 때쯤 정말 운명적으로 회사 사정이 안 좋아져서 다음 달에 퇴사를 하라는 통보를 받게 되었다. 사실 원치 않는 퇴사였지만 그게 아니었다면 용기를 내지 못했을지도 모른다. 요가 강사가 되어야겠다는 생각 하지 않고 있었다면 청천벽력 같은 통보였겠지만, 그때는 그런 연락을 받고 속으로 얼마나 좋아했는지 모른다. 정말 온 우주가 나를 도와주고 있다는, 마치 계시를 받은 느낌이었다!

그리고 시간이 흘러 지금의 '맑음'이 되었다. 생각해보면 최악의 상황들이 지금의 나를 만들었다고 해도 과언이 아니다. 계단 오르듯 열심히 한 건 아무것도 없었다. 하고 싶기 때문에 했고 그저 앞으로 걸어갔을 뿐이다. 그렇게 발전에 목매고 욕심부릴 땐 되레 후퇴하는 것만 같았는데, 어디로 가는지는 모르겠고 그냥 앞으로 걸어가기만 하자고 다짐한 순간부터는 자꾸만 새로운 길들이 보이기 시작했다.

그 안에서 만났던 수많은 인연과 타이밍이 얼마나 기가 막히고 운명적이었는지에 대해서는 절대 말로는 다 설명하지 못

할 것이다. 그날을 기점으로 지금까지 그저 꾸준히 나아갔다. 욕심과 속세에 가까워질 때마다 '영현아. 너 지금 너무 최선을 다하고 있어. 그냥 원하는 곳으로 걷기만 해.' 늘 나의 과속에 브레이크를 걸어주기도 하면서.

그런데 그렇게 몇 년을 강사 생활을 하다 서서히 번아웃이 찾아왔다. 요가원을 차리고 매달 새로운 사람들을 만나서 그들을 위해 몸과 마음을 움직이는 나 자신을 바라보자니 최근 몇 년간 과연 나를 위해 온전히 시간을 낸 적이 얼마나 있는지 돌이켜보게 되었다. 불안과 우울 같은 감정들이 몰려올 땐 명상을 하거나 맛있는 걸 먹으면서 감정을 날려 보낼 수가 있는데 이런 '나'에 대한 무지와 방치를 마주하니 당최 명상으로도 해결되지가 않았다.

그런데 문득 혼자 작은 캐리어 하나를 들고 싱가포르 한 달 살기를 하며 아침마다 먹었던 카야 토스트가 정말 번뜩하고 떠올랐다! 살면서 했던 모든 큼지막한 일들은 워낙 즉흥적이었던 터라 명상을 하면서 덮고 있던 무릎 담요를 벗어던지고 바로 핸드폰을 들어 포르투갈행 비행기를 끊었다. 포르투갈로 정한 이유도 딱히 없었다. 그저 회원님들이 너무 좋았다고 했던 곳이었고, '한 번쯤은 가보고 싶었던 곳이니까!'라는 명분이었다.

지금까지 나의 삶은 초등학생 때부터 성공한 사람이 되고 싶다는 꿈에서 시작해 욕망에서 발전으로, 발전에서 욕심으로, 욕심에서 번아웃으로, 번아웃에서 멈춰 섬으로, 멈춰 섬에서 나아감으로, 그리고 나의 나아감은 여전히 진행 중이다.

그중 가장 행복했던 시기를 뽑자면 나아감의 시기였다. 사람은 누구나 한 번쯤은 멈춰서 주변을 돌아볼 줄 알아야 하는데, 나아가면서는 멈춰 서는 게 전혀 두렵지 않아진다. 언제든 멈춰도 된다는 그 사실 하나가 나아가는 발걸음들을 얼마나 경쾌하고 가볍게 만들어주는지는 겪어본 사람들만 알 것이다.

그리고 이 글을 쓰는 지금 나는 포르투갈 리스본에 와 있다. 참으로 멋진 인생이지 않은가? 멈추고 싶을 때 멈출 수 있는 인생이 말이다. 여행 가기 전 한 회원님이 건네준 편지에 이런 글이 있었다.

> 요 근래 열심히 일하는 사람은 봤어도 자신을 위해 멈춰서 한 달 동안 여행 가는 사람은 처음 봤어요. 많은 생각을 하게 하는 결정이에요.

당신의 삶에 중요한 것은 무엇인가? 그것이 무엇이 되었건 단숨에 그것을 쟁취하기란 불가능할 것이다. 이 사실이 어찌 보면 신이 주신 축복이 아닐까 생각한다. 원하는 것이 있을 때 당장 그 자리에서 얻어낼 수 있다면 이 삶에서 재미나 행복은 누릴 수 없었을 테니까. 그러니 그 축복을 충분히 누리며 그저 나아가는 삶이 될 수 있길 진심으로 소망한다. 타인이 아닌 진정 내가 원하는 속도로 나에게 맞는 방식으로.

원래 마음대로 되는 건
하나도 없는 거야

나에게 포르투갈 여행은 인생의 빈틈을 만드는 일이었다. 너무 빼곡히도 나열된 하루하루에 누군가 브레이크를 밟아주지 않는다면 끝까지 갈 모양새였기에 일단 비행기표부터 끊고 본 것이다. 모든 스케줄을 정리하고 한 달 뒤에 꼭 돌아온다는 회원님들과의 약속을 뒤로한 채 비행기 위에서 올해는 여유롭게 살겠다는 새로운 다짐으로 1월 1일을 맞이했다.

올해는 더 좋은 일만 있을 것이라는 기대와 함께 새로운 세상이 펼쳐질 첫 유럽 여행을 기대했지만 공항에 도착하자마자 청천벽력 같은 일이 닥쳤다. 바로 한 달 동안 나를 책임져줄 캐리어가 도착하지 않은 것이다. 정말 하늘이 무너지는 것만 같았다. 왜 나한테만 이런 일이 생기는 거지? 시작부터 최악의 상황이 펼쳐지다니…. 삶을 꼬아대는 문장들이 머릿속에 가득 찼다.

그렇게 정신을 차리고 분실 센터로 가 되지도 않는 스페인어와 영어를 섞어가며 다섯 장이 넘는 문서를 작성했고, 나의 캐리어가 경유지인 이스탄불에서 오지 못하고 있다는 사실까지 알아냈다. 그렇게 나는 캐리어를 일주일 내로 숙소로 보내주겠다는 약속만 쥔 채 빈손으로 숙소로 출발했다.

그래도 포르투갈에서의 한 달을 시작하는 첫날이니만큼 정신을 똑바로 차려야겠다는 생각이 들어 좋은 점을 찾기 시작했다. 그런데 억지로 찾아낼 필요 없이 생각보다 좋은 점들이 나오기 시작하는 게 아닌가! 우선 모두가 무거운 짐을 들고 택시를 잡고 그 넓은 공항을 빠져나가고 있는데 나 혼자 손가방 하나만 딱 들고 가벼운 몸으로 입국장을 나섰다. 그러고는 숙소까지 가는 길에 짐이 있었으면 절대 못 들렀을 카페도 들르고, 높은 층에 있는 숙소까지 짐을 들고 올라가지 않아도 돼서 꽤 자유로웠다. 마지막으로 유럽의 취향이 가득한 옷들을 죄책감 없이 살 수 있는 것이 가장 좋은 점이었다. 짐이야 올 때 되면 올 거라는 마음만 있다면 누릴 수 있는 긍정적 요소들이 도

처에 가득했다.

싱가포르에서의 한 달 살기를 다짐했던 때에도, 맑음복을 시작했던 때에도, 요가 강사를 시작했던 때에도, 유럽으로 출발하기 전에도, 커다랗고도 설레는 일들을 마주할 때마다 아빠가 늘 내게 했던 말이 있다.

"영현아, 마음대로 되는 건 하나도 없을 거야. 그것만 알면 뭐든 마음대로 할 수 있어! 무슨 말인지 알지?"

당연히 그때는 무슨 말인지 몰랐다. 그것들을 직접 겪고 마주할 때야 비로소 아빠가 했던 말이 스쳐 지나가면서 체념하게 되는 순간들이 생겼다. 인생에 마음대로 되는 건 하나도 없다. 잘될 것이라고 믿었던 것들이 처참하게 실패해 나를 무너뜨리기도 하고, 실패라고 생각했던 것들이 돌고 돌아 결국 나를 일으키기도 한다는 사실을 아빠는 이미 알고 있었던 것이다. 아빠의 그 말을 이해하고 나니 어떠한 도전을 하거나 결과 발표를 앞두었을 때마다 그 말이 나를 안심시켰다. 결과야 어찌 되든 지금의 상황을 내 마음대로 조몰락거리며 만들어내면 되니까(어떻게 보면 정신 승리일지도 모르지만 말이다)! 캐리어는 결국 일주일이 안 되어 내 품으로 돌아왔고 결과적으론 유럽 여행 중 가장 기억에 남는 추억으로 자리 잡게 되었다.

또 하나의 에피소드가 있다. 나는 굉장히 계획적인 사람이지만 여행에서만큼은 무계획이 계획이라고 생각하는 터라 한 달 유럽 여행에 아무 계획도 하지 않고 출발하였다. 2주는 리스본, 1주는 마드리드, 그리고 마지막 1주는 포르투. 이렇게 대략적으로 생각만 하고 도착하니 너무나 여유로운 하루하루였다. 리스본에서 4일쯤 머무를 때였나 주변에 초콜릿 맛집이라는 카페가 있어 세수도 하지 않고 맑음복의 스님바지(여행 한 달 내내 잠옷으로 입었다) 차림으로 문을 나섰다. 초콜릿 한 조각과 커피를 시키고 커다란 탁자에 앉아 있는데 앞에서 나이가 조금 있어 보이는 부부가 한국인이냐며 말을 걸어오는 게 아닌가! 한국인이라는 나의 대답과 함께 시작된 이야기가 한 시간이 넘어갈 즈음 그녀의 이름이 소니아라는 것을 알게 되었다.

소니아는 포르투에 사는데 잠시 리스본에 볼일이 있어 왔다고 했다(한국으로 따지면 포르투는 서울, 리스본은 부산 정도로 볼 수 있을 것 같다). 나의 한 달 계획을 말하니 포르투에 오면 연락하라며 갈색 휴지에 자그마한 볼펜을 꺼내 전화번호와 이름을 적어주곤 "Have a good day!"라는 말과 함께 이야기를 마쳤.

스쳐 가는 듯한 만남이었기에 2주가 지나 포르투에 도착한 뒤 그녀에게 연락을 해야 할지 고민을 많이 했지만 지구를 건너 만나게 된 인연이기에 용기 내어 연락했다. 반가워하며 선뜻 만나자는 그녀의 따뜻한 대답 덕분에 포르투라는 곳에 더 좋아지는 중이었다.

그렇게 맑은 날 작가 J. K. 롤링이 해리포터를 썼다던 카페에서 만나 이야기를 하다 근처에 차가 있는데 포르투 바다로 데려가주겠다고 했다. 그때부터 불안과 설렘이 공존하며 머릿속을 휩쓸었다. '낯선 땅에서 모르는 사람의 호의라니, 이거 너무 납치 레퍼토리잖아!' 하며 절대 가면 안 된다는 마음 반, '이 미소는 거짓일 수 없어!' 하며 가고 싶은 마음 반이었다. 그렇게 한참을 고민하다 사람을 믿지 않고 사는 것보단 믿고 상처 받는 게 낫다고 생각하게 되었고, 그렇게 내 운명을 맡겨보기로 했다.

나중에 한국에 돌아온 나의 이야기를 들으며 등짝 스매싱을 날린 엄마를 백번 이해한다. 그렇지만 지구 반대편의 따뜻한 선의를 믿고 싶었다. 땀이 없는 내가 두 손에 난 땀을 한껏 닦아가며 40분 정도 차를 타고 간 끝에 흥분한 듯 앞을 보라는 소니아의 목소리를 따라 시선을 옮기니 말도 안 되게 드넓은 바다가 펼쳐졌다. 영화에서만 보았던 그런 바다였다! 잔디와

바다의 조합이라니. 한국에선 갯벌과 바다 혹은 모래와 바다였는데, 그곳에는 이제 막 여름을 맞이한 듯 푸르른 잔디와 새하얀 파도를 머금은 바다가 함께 있었다. 그녀를 믿길 참 잘했다. 그렇게 농담 삼아 이제 당신이 내 포르투갈 엄마라며 팔짱을 끼고 한없이 바닷길을 밟았다. 영어가 잘 안 나올 땐 온몸을 써가며 오랫동안 이야기를 나눴다.

당장 오늘 무슨 일이 펼쳐질지도, 누구를 만나게 될지도 모르는 것이 삶이다. 하지만 그래서 가장 낭만적인 것이 바로 인간사 아닐까? 마음대로 되는 것은 하나도 없지만 그것을 인정하고 받아들일 때, 삶의 여유가 생기고 그 빈틈 사이로 온갖 운명과 인연들이 쏟아진다. 그날 소니아를 만나지 않았더라면 포르투에서 또 다른 재미난 일을 하며 여행을 즐겼을 테지만, 기꺼이 그 계획을 포기하고 소니아와 함께 가는 바다를 택했다. 마음대로 되지 않는 순간들을 온전히 즐긴 여행이기에 인생 최고의 순간으로 남지 않을 이유가 없었다.

마음대로 되지 않는 순간들을 조금 더 여유롭고 너그럽게 받아들일 마음만 있다면, 그 순간들을 즐길 용기만 있다면 무엇이든 할 수 있다. 어쩌면 세상은 당신의 빈틈을 기다리고 있을지도 모른다.

꿈이 없다면

"선생님은 꿈이 뭐예요?"

들을 때마다 늘 당황하는 질문이다. 늘 바뀌는 대답이지만 결론적으로 공통된 마음에서 우러나오는 대답은 바로 '사람들이 행복해지는 것'이다. 예전에는 그런 질문들을 받으면 학교를 세워 무료로 배울 수 있게 하는 공간이나, 자선단체를 만들어 필요한 곳에 금전이나 재능을 나눌 수 있는 곳을 만들고 싶다는 커다란 꿈을 꾸곤 했다. 성인이 되어서도 수시로 받는 '꿈'이라는 질문에 없다는 대답을 하기 싫어 종종 지어내서 이야기한 적도 있었고, 젊은 친구가 벌써부터 삶을 포기했다며 멋대로 재단하는 시선이 싫어서 하고 싶은 것이 많아 열심히 찾아가는 중이라고 둘러댈 때도 있었다. 하지만 지금 내게 5년, 10년 뒤의 꿈을 물어본다면 없다고 말한 지도 꽤 되었다.

그런데 나는 정말로 목표가 없다. 꿈도 없고, 하고자 하는 것도 이젠 없다. 그저 오늘을 행복하게 살고 또 할 수 있는 걸 하는 것, 그뿐이다.

요즘 사회에서 쓰이는 '꿈'이라는 단어 자체가 참 모순이 많은 듯하다. 타인의 시선에 흔들리지 않고 내가 정한 나의 꿈인지는 차치하고서라도, 꿈을 가져야 하는 궁극적인 이유를 모르는 채 '꿈'이라는 단어에 꽂혀 좌절하기도 한다. 우리는 조금 더 똑똑하게 세상을 바라볼 필요가 있다. 비록 그것이 MZ세대의 무질서로 불릴지라도 확실한 가치관이 있다면 모두가 숨기려고 했던 '내 삶은 나의 것'이라는 사실을 일찍 알아차린 똑똑한 친구임이 분명하다.

요가 강사로 일을 시작하고 꿈이 없이 그저 하루하루를 살아가면서도 지나온 삶 중에 이렇게 행복한 날이 없었다. 진심을 담아 써내려간 회원님의 편지들을 마주할 때면 이렇게 평생 살아도 되겠다 더욱 확신하게 된다. 비록 찰나일지라도 그들이 내게 전하고자 하는 마음은 비슷하다.

'제 인생의 찰나에 스쳐 가주셔서 감사합니다.'

얼마나 값진 일인가? 결국 다 스쳐 갈 인연이지만, 어쩌면 결국 잊힐 인연이지만 시간을 내어 편지지를 고르고 글을 쓰고 그것을 전하기까지의 마음을 받을 수 있는 인생이라면 최고의 인생이라고 생각한다. 누군가는 나를 만나 요가 강사라는 꿈을 꾸었고, 누군가는 다시 삶을 살아갈 위로를 얻었고, 누군가는 모든 것을 다 포기하고 떠날 용기를 얻었다고 한다. 아무것도 아닌 나라는 존재에게 이런 일들이 일어나다니.

나는 꿈이 없다고 말하는 것에 더 이상 부끄러워하거나 눈치 보지 않는다. 모든 꿈이 결국 행복해지기 위한 것이라면, 나는 이미 충분히 행복하기 때문이다.

우리는 꿈을 더 똑똑하게 바라보고 대해야 한다. 결국 꿈을 갖고자 하는 이유까지가 바로 꿈이라고 할 수 있으니까. '돈을 많이 버니까. 부모님이 원하니까. 잘나 보이니까.'는 꿈의 이유가 될 수 없다. 더 나아가 궁극적으로 나의 내면이 얻고자 하는 것은 무엇인가까지 고민해보아야 한다. 내면을 돌보지 못한다면 결국 방향성을 잃기 마련이다. 삶의 이유와 가치관을 중심에 두고 꿈을 정할 수 있길, 혹은 꿈을 포기할 수 있길 바란다.

그 어떤 선택에도 존중과 존경을 담아 마음을 보낸다.

더도 말고 덜도 말고
처음처럼만

 어렸을 때부터 아빠는 아주 작은 50㏄ 오토바이를 타고 다녔다. 그때 그 빨간색 오토바이를 타고 한강 드라이브도 하고 맛있는 것도 먹으러 다녔던 기억이 생생하다. 초등학생이었던 어느 날에도 아빠와 오토바이를 타고 가다가 신호를 기다리며 멈춰 있는데 바로 옆에 경찰 오토바이를 보게 되었다. 우리가 타고 있는 오토바이에 비해 너무 크고 멋있다며 아빠에게 "이런 거 사줄까?" 했던 기억이 난다. 그 한마디에 아빠가 얼마나 좋아하던지!

 "혀니가 커서 아빠 이런 오토바이 사줄 거야?" 하며 아빠는 내가 알지도 못하는 오토바이 종류를 막 설명해주었다. 어린 나이에 그게 나의 첫 꿈이 되었다. 중학생이 되어서는 조금 더 구체적인 계획을 세우게 되었다. 당시 오토바이 중에 가장 튼튼하고 좋은 BMW 제품을 보게 되었는데 그때만 해도 6,000만 원이 넘었으니 정말 원대한 꿈이었다. 고등학생이 되고서는 나중에 정말 멋있는 사람이 되어 부모님께 집을 사드리고 싶다는 꿈이 생겼다. 전세 가격이 계속 올라가면서 힘들어하시는 부모님의 모습을 마주한 때였다.

그런데 막상 스물세 살이 되니 이때쯤엔 돈을 많이 벌고 있을 거라는 예상과는 달리 매일 아침 출근하는 것도 버거워하는, 전혀 생각하지 못했던 나의 모습을 마주하게 되었다. 꿈에 그리던 오토바이나 집은 꿈도 못 꾸는 직장인에 불과했다. 그때 '나'라는 사람의 현실에 마주했던 것 같다. 스무 살 때부터 꽤 많이 치이고 아파하며 목표와 돈을 위해 싸워왔는데 자본주의 사회에서 원하는 것을 갖기란 정말 어려웠다. 앞으로도 이렇게 20년을 더 일해야 겨우겨우 턱걸이로 원하는 것을 가질 수도 있는 정도였으니 말이다.

그때 요가를 처음 만났다. 늘 앞만 보고 원하는 것을 위해 노력하고 최선을 다해 나아가기 바빴던 사람이었던 내게 요가는 다 놓아도 된다고 말해주는 것 같았다. 그리고 타인을 위한 목표 말고 진짜 나를 위한 목표를 찾을 수 있게끔 해주었다. 다른 사람들의 말과 세상이 말하는 목표가 낙서처럼 빽빽했던 머릿속을 백지처럼 말끔하게 정리해주었다. 그렇게 나는 내 현실과 마주하게 되었고, 공허한 목표를 따르며 이미 지쳐 있던 내 모습을 인정하게 되었다.

요가 안내자로 살아가는 지금은 회원님들에게 이런 질문을 많이 받는다.

"선생님은 목표가 뭐예요? 요가원 시작할 때는 목표가 뭐였어요?"

그럼 나는 당당하게 이렇게 대답한다.

"없었어요! 살면서 처음으로 하고 싶은 일을 했을 뿐인데 생각보다 잘됐지 뭐예요?"

멋쩍은 웃음을 지으며 대답했는데 50대 회원님 한 분이 이런 말씀을 하셨다.

"남들이 보기엔 맨날 영상 올리고, 책도 쓰고, 요가 수업도 하고, 요가복도 운영하면서 정말 열심히 노력하는 것처럼 사는 것 같아도 선생님은 좋아서 하는 일들이니까 그게 노력으로 안 느껴지는 거예요."

어른의 시선에서 바라본 나에 대한 말이 참 감사했다. 그 말씀이 맞다. 나는 정말 다 좋아서 한 거였다. 요가를 하고 가르치고, 책을 쓰고, 옷을 만들고, 영상을 만들고…. 모두 내가 하고 싶던 것들이니까 시간 가는 줄 모르고 하다 보니 운 좋게도 이렇게 많은 사람이 찾아주고 있다. 그래서 나는 더 잘하기 위해 노력하지 않는다. 그저 더도 말고 덜도 말고, 처음처럼만 좋아하려고 한다. 사실 더 좋아하게 되는 마음을 참을 때도 있다.

이렇게 생각했던 것보다 잘되었어도 부모님께 집을 사드리는 정도의 돈은 벌지 못했지만, 그래도 조금씩 꿈에 가까워지고 있다. 차를 바꾸고 싶다고 하셔서 몇백만 원이지만 돈을 보태드리기도 하고, 몸이 안 좋다고 하셔서 한의원에서 약도 한 재 지어드린다. 먹고 싶은 음식이 있다고 하시면 돈 생각하지 않고 시켜드리고, 해외여행을 생각하실 때쯤 비행기표를 끊어드린다. 이러다 결국 10년, 20년 뒤엔 집도 사드릴 수 있지 않을까 하는 설렘과 기대감으로 나는 또 앞으로의 날들을 살아간다. 남들이 정한 목표를 따라가는 게 아니라 내가 좋아하는 일을 하면서.

행복한 엔딩을 위한
연습 게임

 요가 강사라는 직업이 가끔 외롭게 느껴질 때가 있다. 소속감도 없이 늘 혼자 움직이고 매달 다른 회원님들을 마주하면서 오래 함께하는 사람보단 스쳐 가는 사람이 더 많으니 내가 나를 잘 다잡아야 되는 직업이기도 하다.
 한번은 다른 요가원 원장님과 여러 행사 준비를 위해 미팅을 하게 됐다. 실제로는 처음 만나는 자리였는데 예상했던 것보다 더 멋진 분이었다. 원장님은 요가를 알리기 위해 전국 각지에서 요가 프로그램을 주최한다고 했다. 그분이 주최하신 행사 중 나도 기억나는 게 있어 하나를 말씀드리며 그 행사도 너무 좋았다고 말씀드리니 "그 행사가 유일하게 별로였어요. 장소도 그렇고 통제가 하나도 안 돼서 아쉬웠던 행사예요."라고, 이어서 "연습 게임이었죠. 원래 못 한 건 다 연습 게임이에요."라고 하셨다.

한 번 더 생각하게 되는 말이었다. 연습 게임…. 미팅을 끝내고 돌아와서도 그 말이 자꾸 머리에 맴돌았다. 나는 살면서 한 번도 어떤 도전에 대해 연습이라고 생각해본 적이 없었다.

'시작을 했으면 무조건 잘해야 해! 열심히 해야 해! 성공해야 해!' 이런 강박들에 갇혀 살다 요가를 만났고, 그렇게 모든 것을 놓아주고 '최선'이나 '열심히' 같은 단어와는 멀어지기 위해 노력하는 중이다.

그런데 만약 과거의 나도 잠시 여유를 가지고 연습 게임이라고 생각했던 날들이 있었다면 조금은 덜 벅찼을까 하는 질문을 해보게 되었다. 질문은 꼬리에 꼬리를 물었고 '그럼 내 인생의 쉼표는 언제였을까?' 생각해보니 의외의 대답이 나왔다. 한창 우울증에 걸려 인생의 바닥을 걷고 있을 때가 내 인생 가장 큰 쉼표 구간이었던 것이다. 그런데 나는 아무것도 하지 않고 그저 스스로를 불쌍해하는 데에 매일의 에너지를 쏟아내기 바빴다.

힘든 시기를 보내고 있는 회원님들을 만나고 이야기를 나누면서 위로를 해줄 수 있는 지금의 내가 되기까지, 최악의 날들이라고 생각했던 그 시절이 지금의 나에겐 쉼표의 구간이고 연습의 시간이었던 거다.

그 시절이 없었다면 지금의 나도 없었을 것이다. 내가 먼저 힘듦을 겪어보았기에 다른 사람의 힘듦도 조금이나마 알아줄 수 있는 것이고, 더 이상 우울에 깊이 빠지지 않는 방법 또한 알 수 있는 것이니까. 이렇게 행복할 것이었다면 몇 번이고 그 연습 게임을 할 수 있겠다고 생각할 정도로 지금의 나는 그 시간들이 소중하다.

한국 사람들은 당장 죽을 듯 싸우고 이겨야만 잘했다고 박수를 쳐주는 환경에 둘러싸여 있어서인지 특히나 '실패, 패배자, 포기' 이런 단어들에 마음이 넓지를 못하다. 타인의 잣대에 기준을 맞추다간 영원히 '실패 혹은 성공'이라는 이분화된 삶을 살아가게 될 것이다.

하지만 우리 모두 이번 생은 처음이지 않은가? 어쩌면 다음 생을 위한 연습으로 태어난 것일 수도 있는 이번 생을 너무 이 악물고 살아가지 말자. '그래! 실패가 아니야! 연습 게임인 거야.'라며 힘든 상황을 넘길 줄 알아야 결국 이뤄낼 행복에 '역시! 완벽한 연습 게임 덕분에 이렇게 행복할 수 있게 되었어!'

라며, 그때의 버거움을 나의 실패가 아닌 용기 있었던 도전의 과정으로 받아들일 수 있지 않을까?

  요가를 시작하고 또 많은 사람들이 나를 알아봐주면서 꽤 많은 도전과 기회들이 찾아왔었다. 그 모든 것을 해보지는 못했고 어쩔 수 없이 포기한 것도 있지만, 그렇다고 아쉽거나 후회되지 않는다. 나는 지금이 너무 행복하고 만족스럽다. 도전하고, 기회를 잡고, 연습하고, 포기도 하는 그 모든 선택권은 다 나에게 있으니 그 누가 뭐라든 어쩔 텐가? 스스로 연습 게임이었다고 생각하면 연습 게임이 되고, 성공이라고 생각하면 성공이 되고, 행복하다고 생각하면 행복이 되는 거 아닐까?

  당신이 지금 힘들고 아프고 괴롭고 실패자라는 생각이 든다면 그건 그냥 연습 게임에 불과하다는 사실을 명심하길 바란다. 만족하기 전까진 그저 목숨이 무한정으로 남은 연습 게임에 불과하다. 그리고 비로소 행복이 찾아왔을 때 지금까지의 모든 순간이 참 가치 있는 연습이었다고 말하게 될 날이 꼭 올 것이다. 그날이 생각보다 눈앞에 있다는 것을 꼭 기억하기를 진심으로, 진심으로 소망한다.

온 마음 다해,
언제나 나마스테

 이유 없이 끌리는 사람, 이유 없이 싫은 사람, 이유 없이 마음이 편안한 지역, 이유 없이 가기 싫은 지역처럼 나에게 맞는 에너지가 느껴질 때가 있다. 그런데 요즘 이 세상의 에너지가 내겐 조금 불편하다. 이유 없이 차가운 말투와 행동들, 서로를 믿지 못하는 눈초리, 모든 것에 옳고 그름, 득과 실을 따지는 세상의 방향성을 바꾸고 싶은 어리석은 마음이 크게 자리 잡고 있는 듯하다.

 할머니가 차려준 밥상에서 배운 따뜻한 것들이 좋다. 시장에서 사온 만두가 식을까 한겨울 전기장판 밑에서 꺼내 건네는 손길, 김치찌개에 넣은 당면을 몽땅 건져 내 앞접시에 덜어주던 터프함, 할머니 집에서만 맡을 수 있었던 햇빛 냄새, 부모님을 기다리는 동안 온 동네를 돌아다니며 인사를 나눴던 이웃들과 고양이들과의 대화. 그런 것들 덕분에 쑥스러움 없이 사랑을 말하는 법, 온 마음 다해 누군가를 안아주는 법을 배우게 되었다. 길고양이와의 실없는 대화를 통해 위로를 얻고, 돌 틈에서 자란 꽃에 뜨거운 응원도 보내보고, 눈을 감아도 느껴지는 사람의 온기를 사랑하게 되었다. 내게 많은 좌절을 선사해준 삶이지만 그런 따뜻함은 여전히 삶을 사랑할 수 있도록 하는 원동력이 되어주었고, 진정 사람은 사랑을 해야 한다는 신념을 갖게 해주었다.

누군가는 쓸모없는 마음이라고 칭하는 그 따뜻함들이 결국 세상을 더욱 아름답게 할 것이라고 나는 믿는다. 살아가는 동안 그 마음을 지켜준 엄마, 아빠, 언니와 내게 큰 사랑을 알려주셨던 할머니, 그리고 많은 이야기와 깨달음을 남겨주는 맑음행복원 회원님들, 요가를 통해 만난 수많은 인연, 마지막으로 이 마음들을 글로 남길 수 있게 도와주신 저녁달 출판사에 다시 한번 감사를 전한다.

> 지금 이 글을 읽고 있는 당신의 삶을
> 온 마음 다해 존경하고 응원합니다.
> 언제나 나마스테.

새침하게 구는 삶이지만

그럼에도 부단히 행복해봅시다.

잘 배운 다정함

초판 1쇄 발행 2025년 7월 10일
초판 2쇄 발행 2025년 7월 15일

지은이 맑음
발행인 정수동
편집주간 이남경
책임편집 김유진
디자인 Yozoh Studio Mongsangso

발행처 저녁달
출판등록 2017년 1월 17일 제406-2017-000009호
주소 경기도 파주시 문발로 142 니은빌딩 304호
전화 02-599-0625
팩스 02-6442-4625
이메일 book@mongsangso.com
인스타그램 @eveningmoon_book
유튜브 몽상소

ISBN 979-11-89217-60-0 03810

©맑음 2025

· 저작권법에 의해 보호를 받는 저작물이므로 무단전재와 무단복제를 금합니다.
· 잘못 만들어진 책은 구입하신 서점에서 교환해드립니다.